Borges · Die Bibliothek von Babel

Die alte Bibliothek von Cincinnati (USA), 1874

Jorge Luis Borges

Die Bibliothek von Babel

Erzählungen

Aus dem Spanischen
übertragen von Karl August Horst
und Curt Meyer-Clason

Mit einem Nachwort herausgegeben
von José A. Friedl Zapata

Reclam

RECLAMS UNIVERSAL-BIBLIOTHEK Nr. 9497
1974, 2019 Philipp Reclam jun. GmbH & Co. KG,
Siemensstraße 32, 71254 Ditzingen
info@reclam.de

Druck und Bindung: Esser printSolutions GmbH,
Untere Sonnenstraße 5, 84030 Ergolding
Printed in Germany 2025
RECLAM, UNIVERSAL-BIBLIOTHEK und
RECLAMS UNIVERSAL-BIBLIOTHEK sind eingetragene Marken
der Philipp Reclam jun. GmbH & Co. KG, Stuttgart
ISBN 978-3-15-009497-6
reclam.de

Der Unsterbliche

> Salomon saith: *There is no new thing upon the earth.* So that as Platon had an imagination *that all knowledge was but remembrance*; so Salomon gives his sentence *that all novelty is but oblivion.*
>
> *Francis Bacon:* Essays LVIII

In London bot in den ersten Junitagen des Jahres 1929 der Antiquar Joseph Cartaphilus aus Smyrna der Prinzessin von Lucinge die sechs Bände in Kleinquart (1715–1720) der *Ilias* von Pope an. Die Prinzessin erwarb sie; als sie sie entgegennahm, wechselte sie ein paar Worte mit ihm. Er war, sagte sie, ein ausgemergelter, erdfahler Mann mit grauen Augen und grauem Bart und seltsam verwaschenen Gesichtszügen. Er erging sich fließend und ohne sich dessen bewußt zu werden in mehrerlei Sprachen; binnen weniger Minuten wechselte er vom Französischen ins Englische und vom Englischen in eine rätselhafte Verschmelzung von Spanisch aus Saloniki und Portugiesisch aus Macao über. Im Oktober erfuhr die Prinzessin von einem Passagier auf der »Zeus«, daß Cartaphilus auf der Rückfahrt nach Smyrna auf See gestorben war und daß man ihn auf der Insel Ios beigesetzt hatte. Im letzten Band der *Ilias* fand sie nachstehendes Manuskript. Das Original ist in Englisch abgefaßt und enthält eine Fülle von Latinismen. Die abgedruckte Fassung ist wortgetreu.

I

Soweit ich mich erinnere, begannen meine Leiden in einem Garten in Thebe Hekatómpylos zur Zeit, als Diokletian Kaiser war. Ich hatte in den jüngstvergangenen ägyptischen Kriegen (ohne Ruhm zu ernten) Dienst getan, ich war Tribun einer Legion, die in Berenike jenseits des Roten Meeres in Quartier lag; das Fieber und die Magie rieben viele Männer auf, deren hoher Sinn nach dem Schwert verlangte. Die Mauretanier wurden besiegt; der Boden, der einst die aufsässigen Städte trug, wurde auf immer den plutonischen Gottheiten geweiht; Alexandria, das niedergeworfen wurde, erflehte vergebens das Erbarmen des Cäsaren; noch war kein Jahr vergangen, da brachten die Legionen den Triumph nach Hause, indessen mir nicht einmal beschieden war, das Antlitz des Mars zu schauen. Daß ich hierauf verzichten mußte, schmerzte mich, und vielleicht war dies die Ursache, weshalb ich mich aufmachte und durch furchtbare und verworrene Wüsten zog, die verborgene Stadt der Unsterblichen zu entdecken.

Meine Leiden begannen, so erzählte ich, in einem Garten in Theben. Die ganze Nacht über schlief ich nicht, weil ich mich in meinem Herzen mit etwas herumschlug. Kurz vor Tagesanbruch stand ich auf; meine Sklaven schliefen; der Mond war von der gleichen Farbe wie die unendliche Sandwüste. Ein abgehetzter und blutbefleckter Reiter kam von Osten her. Ein paar Schritte vor mir glitt er vom Pferd. Mit schwacher, unersättlicher Stimme fragte er mich auf lateinisch nach dem Namen des Flusses, der die Mauern der Stadt bespült. Ich antwortete ihm, es sei der Aigyptos, den die Regenfälle speisen. *Ein anderer Fluß ist es, dem ich nachjage*, erwiderte er traurig, *dem verborgenen Fluß, der die Menschen vom Tode reinigt.* Dunkles Blut quoll ihm aus der Brust. Er sagte zu mir, seine Heimat sei ein Gebirge am anderen Ufer des Ganges, und in jenem Gebirge sei die Sage verbreitet, daß, wenn jemand immerzu gegen Abend gehe, bis dorthin, wo die Welt zu Ende ist, er an den Fluß kommen werde, dessen Wasser Unsterblichkeit verleihen. Er fügte hinzu, am äußersten Ufersaum erhebe sich die Stadt der Unsterblichen, reichgeschmückt mit Bastionen, Amphitheatern und Tempeln. Noch vor der Morgenröte starb er. Ich aber beschloß, die Stadt und ihren Fluß aufzufinden. Gefangene der Mauretanier bestätigten unter der Folter des Henkers den Bericht des Reisigen; einer erinnerte an die elysäischen Fluren am äußersten Ende der Welt, wo das Leben der Menschen von währender Dauer ist; ein anderer an die Höhen, wo der Paktolus entspringt, deren Bewohner hundert Jahre alt werden. In Rom besprach ich mich mit Philosophen, die der Anschauung waren, daß die Verlängerung des Menschenlebens eine Verlängerung seiner Todesmarter und die Vervielfältigung der Zahl seiner Tode sei. Ich weiß nicht, ob ich je an die Stadt der Unsterblichen geglaubt habe; damals fand ich wohl mein Genügen in der Aufgabe, sie zu suchen. Flavius, Prokonsul von Getula, überließ mir für das Unternehmen zweihundert Soldaten. Außerdem warb ich Söldner, die sich als wegkundig ausgaben und späterhin die ersten waren, die desertierten.

Die späteren Ereignisse haben die Erinnerung an unsere ersten Reisetage bis zur Unentwirrbarkeit entstellt. Wir brachen von Arsinoe auf und hielten Einzug in die Glutwüste. Wir durchquerten das Land der Troglodyten, die sich von Schlangen ernähren und des Umgangs mit dem Wort ermangeln; das der Garamanten, bei denen die Frauen Gemeinbesitz sind und die sich von Löwen ernähren; das der Augilen, die als einziger Gottheit dem Tartarus huldigen. Wir schleppten uns durch andere Wüsten, deren Sand schwarz ist und wo der Reisende die Nachtstunden ausnützen muß, weil die Tageshitze unerträglich ist. Von weitem erkannte ich den Berg, der dem Ozean den Namen gab; an seinen Hängen gedeiht die Euphorbie, die Gifte unschädlich macht; in seinen Höhlen hausen die Satyrn, ein halbtierisches Landvolk, das zur Ausschweifung neigt. Daß diese barbarischen Weltgegenden, wo die Erde Ungeheuer gebiert, in ihrem Schoß eine berühmte Stadt bergen sollten, dünkte uns allen unbegreiflich. Wir setzten unseren Zug fort, da es schimpflich gewesen wäre, den Rückzug anzutreten. Ein paar Unvorsichtige ließen im Schlaf den Mond auf ihr Gesicht scheinen; das Fieber verbrannte sie; aus dem verdorbenen Wasser der Zisternen tranken sich andere Wahnsinn und Tod. Dann fingen die Desertionen an; nicht lange danach kam es zu Aufständen. Um sie zu unterdrücken, scheute ich nicht vor der Anwendung von Strenge zurück. Ich verfuhr rechtmäßig, doch verriet mir ein Zenturio, daß die Aufsässigen (aus Rache für den Kreuzestod eines der Ihren) mir nach dem Leben trachteten. Ich floh aus dem Lager, von ein paar Soldaten, die mir treu geblieben waren, begleitet. In der Wüste verlor ich sie in Sandwirbeln und weitverbreiteter Nacht. Ein kretischer Pfeil ritzte mich. Tagelang irrte ich umher, ohne Wasser zu finden, oder war es nur ein einziger Tag, den die Sonne, der Durst und die Durstangst vervielfachten? Ich überließ den Weg der Willkür meines Pferdes. Im Morgengrauen zähnte sich die Ferne mit Pyramiden und Türmen. Mich folterte bis zur Unerträglichkeit der Traum von einem engen und glitzernden Labyrinth; im Mittelpunkt war ein Krug; fast berührten ihn meine Hände, meine Augen sahen ihn, aber so verschlungen und verzwickt waren die Bogenlinien, daß ich wußte, eher würde ich sterben als ihn erreichen.

II

Als ich mich endlich aus den Schlingen dieses Alptraums befreite, fand ich mich, an den Händen gefesselt, in eine längliche Nische aus Stein geworfen, die, nicht größer als ein Grabstollen, notdürftig in den Steilhang des Bergs geschürft war. Die Seiten waren feucht und wohl eher von der Zeit als von Kunstfleiß geglättet. Ich fühlte in der Brust ein schmerzendes Pochen, fühlte, daß ich vor Durst verbrannte. Ich streckte den Kopf aus der Höhle und schrie mit schwacher Stimme. Am Fuß des Berges zersträhnte sich geräuschlos ein trüber Wasserlauf, der von Abfällen und Sand stockte; am anderen Ufer erstrahlte (im letzten oder ersten Sonnenlicht) sichtbar die Stadt der Unsterblichen. Ich sah Mauern, Bogen, Giebelfelder und Platzgevierte; der Grundsockel war eine felsige Hochfläche. An die hundert unregelmäßig verteilter Nischen gleich meiner furchten den Hang und das Tal. Im Sand gab es Brunnenlöcher von geringer Tiefe; diesen elenden Löchern (wie auch den Nischen) enttauchten grauhäutige, bartstruppige nackte Männer. Ich meinte sie wiederzuerkennen: sie gehörten dem tierischen Stamm der Troglodyten an, die an den Ufern des Arabischen Golfs und in den Höhlen Äthiopiens ihr Unwesen treiben; ich war nicht verwundert, daß sie sprachlos waren und von Schlangen lebten.

Die Geißel des Durstes machte mich tollkühn. Ich überlegte mir, daß mich etwa dreißig Fuß vom Ufersand trennten; mit geschlossenen Augen, die Hände auf dem Rücken gefesselt, stürzte ich mich hinunter. Ich tauchte das blutende Gesicht in das dunkle Wasser. Ich trank wie das Vieh an der Tränke. Bevor ich abermals in Schlaf und Fieberträume verfiel, sagte ich sonderbarerweise ein paar griechische Worte vor mich hin: *Die begüterten Teukrer von Zeleia, die das schwarze Wasser des Aisepos trinken.*

Ich weiß nicht, wie viele Tage und Nächte über mich hingingen. Von Schmerzen geplagt, ohnmächtig, in den Schutz der Höhlen zurückzufinden, nackt auf dem unbekannten Sand, ließ ich Mond und Sonne mit meinem widerwärtigen Geschick spielen. Die Troglodyten, barbarische Kindermenschen, halfen mir nicht zu überleben noch zu sterben. Umsonst flehte ich sie an, sie sollten ein Ende mit mir machen. Eines Tages zerschnitt ich mit der scharfen Kante eines Kiesels meine Fesseln. Und wieder eines Tages stand ich auf und brachte es fertig – ich, Marcus Flaminius Rufus, Militärtribun einer der römischen Legionen –, meine erste Ration ekelerregenden Schlangenfleischs zu erbetteln oder zu stehlen.

Das Verlangen, die Unsterblichen zu sehen, die übermenschliche Stadt mit Händen zu fassen, brachte mich fast um den Schlaf. Die Troglodyten aber, wie wenn sie mein Vorhaben durchschauten, schliefen gleichfalls nicht; zuerst schloß ich daraus, daß sie mich bewachten; später, daß ich sie mit meiner Unrast angesteckt hätte, wie Hunde sich anstecken können. Um das barbarische Dorf hinter mir zu lassen, wählte ich die belebteste Stunde des Tages, den hereinbrechenden Abend, wenn fast alle Männer aus Ritzen und Brunnenlöchern hervortauchen und den Blick nach Sonnenuntergang richten, ohne ihn zu sehen. Ich betete mit lauter Stimme, nicht so sehr um die Gunst der Götter herabzuflehen, als um die Horde mit artikulierten Worten einzuschüchtern. Ich durchquerte das von Sandbänken verstopfte Flußbett. Verstört folgten mir zwei oder drei Männer. Sie waren, wie die anderen ihrer Art, von verkümmertem Wuchs; sie flößten nicht Furcht, sondern Widerwillen ein. Ich mußte ein paar unregelmäßige Vertiefungen umgehen, die mir Steinbrüche zu sein schienen. Geblendet von der Größe der Stadt hatte ich sie nahe gewähnt. Gegen Mitternacht betrat ich den von Götterbildern gezähnten Schatten ihrer dunklen Mauern auf gelbem Sand. Etwas wie ein heiliger Schrecken ließ meinen Schritt stocken. So sehr verabscheut der Mensch das Nieerblickte und die Wüste, daß ich froh war zu bemerken, daß einer der Troglodyten mir bis zum Schluß gefolgt war. Ich schloß die Augen und wartete (ohne zu schlafen) auf den Anbruch des Tages.

Ich habe gesagt, daß die Stadt auf eine felsige Hochfläche gegründet war. Diese Hochfläche, die einer Steilküste glich, war nicht minder schroff als die Mauern. Vergebens schritt ich sie ab; der schwarze Grundsockel wies nicht die kleinste Unregelmäßigkeit auf; die immer gleichen Mauern schienen kein einziges Tor zuzulassen. Die Hitze des Tages ließ mich in einer Höhle Schutz suchen; am Grunde war ein Brunnen, im Brunnen eine Treppe, die sich in der unteren Finsternis verlor. Ich stieg hinab: durch ein Chaos verschmutzter Gänge gelangte ich in ein weiteres kreisförmiges Gemach, das kaum zu erkennen war. Dieses unterirdische Gelaß hatte neun Türen; acht davon waren Eingänge eines Labyrinths, das trügerisch in dasselbe Gemach wieder einmündete; die neunte führte (durch ein anderes Labyrinth) in ein zweites kreisförmiges Gemach gleich dem ersten. Ich weiß nicht die genaue Zahl der Gemächer; mein Mißgeschick und meine Angst vervielfachten sie. Die Stille war feindselig und nahezu lautlos; in diesem tiefen Netzwerk aus Stein war nichts zu vernehmen außer einem unterirdischen Wind, dessen Ursache ich nicht herausfand; lautlos versickerten in den Spalten Fäden eisenhaltigen Wassers. Schrecklicherweise gewöhnte ich mich an diese ungewisse Welt; ich hielt es für unglaubhaft, daß es anderes geben könne als unterirdische Gelasse mit neun Türen und weite Gänge, die sich gabelten. Ich weiß nicht, wie lange ich so unter der Erde dahinwandern mußte; ich weiß nur noch, daß ich einmal, von demselben Heimweh erfaßt, die abstoßende Barbarensiedlung mit meiner in Reben gebetteten Heimatstadt verwechselte.

Am Ende eines Ganges versperrte mir unvermutet eine Mauer den Weg: ein fernes Licht sank herein. Ich hob die geblendeten Augen; schwindelnd in höchster Höhe sah ich ein kreisförmiges Stück Himmel von solcher Bläue, daß es mir purpurn hätte scheinen können. Metallene Stufen kletterten die Mauer hinan. Ich war zum Umfallen müde, doch stieg ich hinauf; nur von Zeit zu Zeit hielt ich inne, um vor Glückseligkeit zu schluchzen. Ich unterschied Säulenkapitelle und Rundstäbe, dreieckige Giebelfelder, wirren Prunk von Granit und Marmor. So war mir beschieden, aus der blinden Region schwarzer, gewundener Labyrinthe zu der strahlenden Stadt emporzusteigen.

Heraus kam ich auf etwas wie einem kleinen Platz, besser gesagt, in einem Innenhof. Eingefaßt war er von einem einzigen Gebäude, das unregelmäßig in der Form und von unterschiedlicher Höhe war; zu diesem ungleichartigen

Gebäude gehörten die verschiedenerlei Kuppeln und Säulen. Mehr noch als irgendeine Besonderheit dieses unglaublichen Gebäudes bestürzte mich seine uralte Bildung; ich fühlte, daß es früher als die Menschen, früher als die Erde war. Dieses deutlich erkennbare Alter (mochte es auch die Augen irgendwie schrecken) schien mir mit dem Schaffen unsterblicher Arbeiter im Einklang zu stehen. Zuerst verstohlen, dann gleichgültig, schließlich verzweifelt irrte ich über Treppen und gepflasterte Höfe dieses unentwirrbaren Palastes. (Später erst stellte ich fest, daß Breite und Höhe der Stufen ungleich waren, worin ich die Erklärung für die sonderbare Müdigkeit, die sie mir bereiteten, fand.) *Dieser Palast ist ein Bauwerk der Götter*, dachte ich zunächst. Ich durchforschte seine unbewohnten Gemächer und verbesserte mich: *Die Götter, die ihn gebaut haben, sind tot.* Ich achtete auf seine Eigenheiten und sagte: *Die Götter, die ihn gebaut haben, waren wahnsinnig.* Das sagte ich, wie ich mich genau erinnere, mit einem unbegreiflichen Aufbegehren, das fast ein Gewissensbiß war, mehr mit einem geistigen Schauder als einem Furchtempfinden. Zu dem Eindruck von unvordenklichem Alter gesellten sich andere: der Eindruck von Schrankenlosigkeit, von Schroffheit, von vertrackter Sinnlosigkeit. Ich hatte ein Labyrinth durchwandert, aber die gleißende Stadt der Unsterblichen ängstigte mich und flößte mir Widerwillen ein. Ein Labyrinth ist ein Haus, das die Menschen irreführen soll; seine Bauweise, die in Symmetrien schwelgt, ist auf diesen Zweck hingeordnet; in dem Palast, den ich erforschte, war die Bauart zwecklos. Immer wieder stieß man auf blinde Gänge, auf unerreichbar hoch angebrachte Fenster, auf prunkvolle Türen, hinter denen sich eine Zelle oder ein Verlies auftaten, auf unwahrscheinliche Treppen, die mit Stufen und Geländer umgedreht nach unten hingen. Andere, die seitlich vor einer Riesenmauer in der Luft schwebten, endeten, ohne irgendwohin zu führen, nach zwei drei Windungen im oberen Schatten der Kuppeln. Ich weiß nicht, ob alle Beispiele, die ich aufgezählt habe, buchstäblich zutreffen; ich weiß nur, daß sie jahrelang meine Alpträume verseucht haben; ich kann nicht mehr sagen, ob diese oder jene Einzelheit von der Wirklichkeit abgenommen ist oder von den Schreckbildern, die mich bei Nacht um den Verstand brachten. *Diese Stadt* (dachte ich) *ist so furchtbar, daß ihr bloßes Dasein und Bestehen, sei es auch in der Tiefe einer abgeschiedenen Wüste, die Vergangenheit und die Zukunft in Mitleidenschaft zieht und in gewisser Weise die Gestirne beeinträchtigt. Solange sie dauert, kann es auf Erden keinerlei Gedeihen oder Glück geben.* Ich will sie nicht beschreiben; ein Kauderwelsch zusammenhangloser Worte, ein Tiger- oder Stierkörper, an dem miteinander vermählt und in gehässiger Zwietracht Zähne, Organe und Köpfe ungeheuerlich durcheinander wimmeln, wären (vielleicht) annähernde Vergleiche.

Ich erinnere mich nicht mehr der Etappen meines Rückzugs durch die verstaubten und feuchten Unterweltsadern. Ich weiß nur noch, daß die Angst mich nicht losließ, mich könnte beim Verlassen des Labyrinths abermals die heillose Stadt der Unsterblichen umringen. Sonst kann ich mich an nichts mehr erinnern. Dieses Vergessen, das ich heute nicht mehr überwinden kann, war vielleicht willensmäßig; vielleicht waren die Umstände meines Entkommens so unliebsam, daß ich an einem Tag, der nicht minder dem Vergessen angehört, mir geschworen habe, sie zu vergessen.

III

Wer die Schilderung meiner Leiden bis hierher aufmerksam gelesen hat, wird sich erinnern, daß ein Mann von der Horde wie etwa ein Hund, der mir nachgetrottet wäre, mich bis in den unregelmäßigen Schatten der Mauern verfolgt hatte. Als ich aus dem letzten unterirdischen Gang heraustrat, traf ich ihn am Ausgang der Höhle. Er lag ausgestreckt im Sand, in den er Zeichen grub und wieder auswischte, gleich den Buchstabenzeilen, die man im Traum erblickt, die man nahe daran ist zu verstehen und die sogleich zerfließen. Zunächst dachte ich, es handle sich um eine barbarische Schrift; dann sah ich ein, daß es sinnlos ist, sich einzubilden, Menschen, die es nicht zu Worten gebracht haben, könnten es zur Schrift bringen. Auch war keine der Formen einer anderen gleich, was die Möglichkeit, es handle sich um sinnbildliche Zeichen, ausschloß oder beseitigte. Der Mann zeichnete sie auf, betrachtete und verbesserte sie. Plötzlich, als sei er des Spiels müde, wischte er sie mit der Handfläche und dem Unterarm aus. Er blickte mich an, schien mich nicht wiederzuerkennen. Und doch – so groß war die Erleichterung, die mich überflutete (oder so groß und schrecklich war meine Einsamkeit), daß mir der Gedanke kam, dieser ungehobelte Troglodyte, der mir von der Schwelle der Höhle aus entgegensah, habe auf mich gewartet. Die Sonne erhitzte die Ebene; als wir den Rückweg zum Dorf antraten, war der Sand unter den Füßen glühend heiß. Der Troglodyte ging vor mir her; an diesem Abend nahm ich mir vor, ihm ein paar Worte beizubringen, sie ihn vielleicht nachsprechen zu lassen. Hund und Pferd (erwog ich) leisten das eine; viele Vögel, so die Nachtigall der Caesaren, das andere. Mochte der Verstand eines Menschen auch noch so plump sein: vernunftlose Geschöpfe würde er auf jeden Fall übertreffen.

Die Demut und das Elend des Troglodyten ließen in meinem Gedächtnis das Bild des Argos erstehen: so hieß der altersschwache Hund des Odysseus. Darum nannte ich ihn Argos und versuchte, ihm den Namen einzuprägen. Ich scheiterte vom einen zum andern Mal. Vernünftiges Zureden, Strenge, Beharrlichkeit: alles war umsonst. Reglos, mit stumpfen Augen, schien er die Laute, die ich ihm einzuprägen versuchte, nicht aufzunehmen. Obwohl nur ein paar Schritte von mir entfernt, schien er weit weg zu sein. Im Sand ausgestreckt wie eine kleine verwitterte

Sphinx aus Lavagestein, ließ er die Himmel über sich kreisen von der Früh- bis zur Abenddämmerung. Ich hielt es für ausgeschlossen, daß er mein Vorhaben nicht begreifen sollte. Ich dachte an die Sage, die bei den Äthiopiern umgeht, daß die Affen wohlweislich nicht sprechen, damit man sie nicht zur Arbeit anhält, und schrieb das Schweigen des Argos Mißtrauen oder Furcht zu. Diese Vorstellung brachte mich auf andere, die noch ausschweifender waren. Ich dachte, Argos und ich gehörten verschiedenartigen Welten an; ich dachte, unsere Wahrnehmungen seien zwar die gleichen, doch füge Argos sie auf andere Weise zusammen und bilde aus ihnen andere Gegenstände; ich dachte, es gebe für ihn vielleicht keine Gegenstände, sondern nur ein schwindelerregendes und fortwährendes Zusammenspiel blitzschneller Eindrücke. Ich dachte an eine Welt ohne Gedächtnis, ohne Zeit; ich erwog die Möglichkeit einer Sprache, die Substantive nicht kennt, einer Sprache aus unpersönlichen Verben oder nicht deklinierbaren Beiwörtern. So starben die Tage dahin und mit den Tagen die Jahre; aber etwas dem Glück Ähnliches geschah eines Morgens. Es regnete, mit hinhaltender Wucht. Die Nächte in der Wüste können kalt sein; diese jedoch war brennend wie Feuer gewesen. Mir träumte, ein Fluß in Thessalien, dessen Fluten ich einen goldenen Fisch zurückgegeben hatte, sei gekommen mich freizukaufen; über den roten Sand und das schwarze Geröll hörte ich ihn nahen; die Frische der Luft und das geschäftige Trommeln des Regens weckten mich auf. Ich lief nackt hinaus, ihn zu empfangen. Die Nacht ging ihrem Ende zu; unter den gelben Wolken überließ sich die Horde, nicht minder selig als ich, den belebenden Wassergüssen in einer Art Rausch. Sie glichen alle gottbesessenen Korybanten. Argos, die Augen zur Himmelswölbung aufgehoben, stöhnte, Sturzbäche rannen ihm übers Gesicht; nicht nur von Wasser (wie ich später erfuhr), sondern von Tränen. Argos, rief ich ihm zu, Argos.

Da hob er an, mit sanftmütigem Staunen, als fände er etwas wieder, was verloren und lange vergessen war, die Worte zu stammeln: *Argos, der auf den Mist geworfene Hund des Odysseus.* Und dann, jedoch ohne mich anzusehen: *Dieser auf den Mist geworfene Hund.*

Mit der Wirklichkeit finden wir uns leicht ab, vielleicht weil wir einsehen, daß nichts wirklich ist. Ich fragte ihn, was er denn von der Odyssee wisse. Er hatte Mühe mit dem Griechischen; ich mußte meine Frage wiederholen.

Sehr wenig, sagte er. *Weniger als der ärmste Rhapsode. Es mögen elfhundert Jahre vergangen sein, seit ich sie ersann.*

IV

Alles wurde mir klar an diesem Tage. Die Troglodyten waren die Unsterblichen; der im Sand versickernde Wasserlauf war der Fluß, den der Reiter gesucht hatte. Was die Stadt anging, deren Ruhm bis zum Ganges gedrungen war, so mochten neun Jahrhunderte seit dem Tage vergangen sein, an dem die Unsterblichen sie geschleift hatten. Aus den Überresten ihrer Trümmer erbauten sie an derselben Stelle die unsinnige Stadt, die ich durchstreift hatte: als eine Art Parodie oder Kehrseite, aber auch als Heiligtum der vernunftlosen Gottheiten, die mit der Welt ihr Spiel treiben und von denen wir nichts wissen, außer daß sie nicht dem Menschen gleichen. Diese Gründung war das letzte Zeichen, zu dem die Unsterblichen sich herabließen; sie bezeichnet eine Stufe, auf der sie, zu der Einsicht gelangt, alles Tun sei eitel, im Denken zu leben beschlossen, das heißt in der reinen Spekulation. Sie errichteten den Bau, vergaßen ihn und wählten als Behausung die Höhlen. Versunken wurden sie die physische Welt nicht mehr gewahr.

Von diesen Geschehnissen erzählte Homer wie einem Kinde. Er erzählte mir auch von seinem Alter und der letzten Reise, die er antrat, wie Odysseus von dem Vorsatz getrieben, zu den Menschen zu kommen, die nicht wissen, was das Meer ist, die kein eingesalzenes Fleisch essen und nicht wissen, was ein Ruder ist. Ein Jahrhundert lang wohnte er in der Stadt der Unsterblichen. Als man sie abriß, riet er zur Gründung der anderen. Das braucht uns nicht zu überraschen; geht doch die Rede, daß er, nachdem er den Kampf um Ilion besungen hatte, den Krieg der Frösche und Ratten besang. Er war gleichsam ein Gott, der den Kosmos und hernach das Chaos erschaffen hatte.

Unsterblich zu sein ist nichts Besonderes; vom Menschen abgesehen sind es alle Geschöpfe, da sie den Tod nicht kennen; das Göttliche, das Schreckliche, das Unbegreifliche ist das Wissen um die eigene Unsterblichkeit. Ich habe festgestellt, daß trotz der Religionen diese Überzeugung äußerst selten ist. Juden, Christen und Muselmanen bekennen sich zwar zur Unsterblichkeit; indessen beweist die Verehrung, die sie dem ersten Jahrhundert zollen, daß sie nur an dieses eine glauben, insofern sie die Zahl aller übrigen bestimmungsgemäß ihm zum Lohn oder zur Strafe vorbehalten. Sinnvoller erscheint mir das Rad gewisser Religionen Hindostans: in diesem Rad, das weder Anfang noch Ende hat, ist jedes Leben Auswirkung des vorangehenden und erzeugt aus sich das folgende, aber keines bestimmt das Ganze ... Belehrt durch jahrhundertelange Übung hatte die Gemeinschaft der Unsterblichen die Vollendung der Duldsamkeit, ja der Nichtachtung erlangt. Sie wußte, daß innerhalb eines unendlichen Zeitraums jedem Menschen alles widerfährt. Auf Grund seiner vergangenen oder künftigen Tugenden ist jeder Mensch Gläubiger alles Guten, aber auch jeglicher Abtrünnigkeit wegen seiner Ruchlosigkeiten in der Vergangenheit oder der Zukunft. So wie bei Glücksspielen die geraden und ungeraden Ziffern zum Ausgleich tendieren, so heben einander Geist und Torheit auf oder berichtigen sich gegenseitig, und vielleicht ist das bäuerlich derbe Gedicht vom *Cid* das erforderliche Gegengewicht eines einzigen Epithetons der *Eklogen* oder einer Wortfügung von Heraklit. Der flüchtigste Gedanke gehorcht einem unsichtbaren Plan und kann eine geheime Form krönen oder stiften. Ich weiß von solchen, die Böses taten, damit es sich in künftigen Jahrhunderten als das Gute herausstellen sollte, wenn es sich nicht schon in den vergangenen als das Gute herausgestellt hatte. So betrachtet, sind alle unsere Handlungen richtig, doch sind sie auch gleichgültig. Es gibt weder sittliche noch intellektuelle Verdienste. Homer dichtete die Odyssee; postuliert man einen unendlichen Zeitraum und eine Unendlichkeit von Umständen und Abwandlungen, so erscheint es undenkbar, daß nicht wenigstens einmal auch die Odyssee hätte gedichtet werden sollen. Niemand ist jemand, ein einziger Unsterblicher ist die ganze Menschheit. Wie Cornelius Agrippa bin ich Gott, bin Heros, bin Philosoph, bin Dämon und bin Welt, womit auf umständliche Art gesagt ist, daß ich nicht bin.

Die Anschauung von der Welt als einem System abgewogener Kompensierungen hat weitgehend auf die Unsterblichen Einfluß geübt. Zunächst einmal hat sie ihr Gefühlsleben gegen das Mitleid gefeit. Ich habe die alten Steinbrüche erwähnt, die am Gestade des anderen Ufers klafften; ein Mann stürzte in den tiefsten ab; er konnte weder jammern noch sterben, doch verbrannte er vor Durst; bevor sie ihm einen Strick zuwarfen, vergingen siebenzig Jahre. Ebensowenig kümmerte sie das eigene Geschick. Der Leib war für sie ein unterwürfiges Haustier, mit dem Almosen von ein paar Stunden Schlaf, einem Schluck Wasser und einem Fetzen Fleisch. Man soll uns deswegen nicht Asketen schelten. Kein Genuß ist so vielseitig wie das Denken, und ihm huldigten wir. Manchmal gab uns ein außergewöhnlicher Anreiz der physischen Welt zurück. So zum Beispiel an jenem Morgen das elementare Lustgefühl des Regens. Diese Einschnitte waren jedoch höchst selten; alle Unsterblichen hatten die Fähigkeit, sich vollkommen still zu verhalten; ich erinnere mich an einen, den ich nie aufrecht stehen sah; ein Vogel nistete an seiner Brust.

Unter den Folgesätzen der Lehre, daß es in der Welt kein Ding gibt, das nicht durch ein anderes aufgewogen wird, befindet sich einer, der theoretisch sehr wenig zu besagen hat, aber für uns zum Anlaß wurde, daß wir uns gegen Ende oder zu Beginn des 10. Jahrhunderts über die Erdoberfläche verstreuten. Er lautet folgendermaßen: *Es gibt einen Fluß, dessen Wasser Unsterblichkeit verleihen; folglich muß es in einer anderen Gegend der Welt einen Fluß geben, dessen Wasser sie aufheben.* Die Zahl der Flüsse ist nicht unendlich; ein unsterblicher Wanderer, der die Welt durchstreift, muß eines Tages zu Ende kommen, weil er von allen getrunken hat. Wir beschlossen, diesen Fluß zu entdecken.

Der Tod (oder die Anspielung auf ihn) macht die Menschen preziös und pathetisch. Das Bewegende an ihnen ist ihr gespenstischer Zustand; jede Handlung, die sie ausführen, kann die letzte sein; es gibt kein Gesicht, das nicht zu zerfließen bestimmt ist wie das Gesicht in einem Traum. Alles hat bei den Sterblichen den Wert des Unwiederbringlichen und des Gefährdeten. Bei den Unsterblichen dagegen ist jede Handlung (und jeder Gedanke) das Echo von anderen, die ihr in der Vergangenheit ohne ersichtlichen Grund vorangingen, oder zuverlässige Verheißung anderer, die sie in der Zukunft bis zum Taumel wiederholen werden. Es gibt kein Ding, das nicht gleichsam verirrt ist zwischen unermüdlichen Spiegeln. Nichts kann nur ein einziges Mal geschehen, nichts ist preziös, gebrechlich. Das Elegische, das Ernstbetonte, das Zeremoniöse hat keine Macht über die Unsterblichen. Homer und ich: wir trennten uns vor den Toren von Tanger; ich glaube, wir sagten uns nicht Lebwohl.

V

Ich durchzog neue Königtümer, neue Reiche. Im Oktober des Jahres 1066 stand ich auf der Brücke von Stamford, ich weiß nicht mehr, ob in den Reihen Harolds, der ungesäumt seine Bestimmung fand, oder in den Reihen jenes unseligen Harald Hardrada, der sechs Fuß englischen Bodens eroberte oder ein bißchen mehr. Im siebenten Jahrhundert der Hegira verfertigte ich in der Vorstadt von Bulak in sorgsamer Schönschrift in einer Sprache, die ich vergessen habe, einem Alphabet, das mir unbekannt ist, eine Abschrift der sieben Reisen Sindbads des Seefahrers und der Geschichte der Messingstadt. In einem Hof des Kerkers von Samarkand habe ich sehr viel Schach gespielt; in Bikanir habe ich Astrologie getrieben und ebenso in Böhmen. Im Jahre 1638 war ich in Kolozsvár und danach in Leipzig. In Aberdeen, im Jahr 1718, subskribierte ich auf die sechs Bände der *Ilias* von Pope; ich weiß, daß ich sie mit Entzücken immer wieder las. Gegen 1728 erörterte ich den Ursprung dieser Dichtung mit einem Professor der Rhetorik, der sich, glaube ich, Giambattista nannte; seine Argumente fand ich unwiderleglich. Am 4. Oktober 1921 mußte die »Patna«, auf der ich nach Bombay fuhr, in einem Hafen an der Küste Eritreas vor Anker gehen.* Ich ging an Land, andere sehr weit zurückliegende Morgenstunden fielen mir ein, auch sie im Angesicht des Roten Meeres verbracht, als ich römischer Tribun war und das Fieber und die Magie und die Untätigkeit die Soldaten aufrieben. In der Umgebung erblickte ich ein Rinnsal klaren Wassers; aus alter Gewohnheit kostete ich davon. Als ich den Hang erklomm, ritzte mir ein dorniger Strauch den Handrücken. Der ungewohnte Schmerz dünkte mich sehr lebendig. Ungläubig, stumm, glückselig schaute ich auf die

* Hier ist eine Tilgung im Manuskript; vielleicht ist der Name des Hafenortes getilgt worden.

Bildung eines zögernden Tropfens Blut. Jetzt bin ich wieder allen Menschen gleich. In dieser Nacht schlief ich bis zum Morgengrauen.

... Ich habe, nachdem ein Jahr vergangen ist, diese Seiten durchgesehen. Daß sie wahrheitsgemäß sind, steht für mich außer Zweifel, doch meine ich in den ersten Kapiteln und auch in gewissen Absätzen der anderen eine Unstimmigkeit zu gewahren. Schuld daran ist vielleicht das mißbräuchliche Anführen von Nebenumständen, ein Darstellungsverfahren, das ich den Dichtern abgesehen habe und das alles mit Falschheit ansteckt, insofern zwar die Tatsachen mit einer Fülle von Einzelzügen aufwarten, nicht aber die Erinnerung an sie ... Doch glaube ich auf einen versteckteren Grund gestoßen zu sein. Ich will ihn aufschreiben, mag man mich ruhig einen Phantasten nennen.

Die Geschichte, die ich erzählt habe, macht deshalb einen unwirklichen Eindruck, weil sich in ihr die Erlebnisse zweier verschiedener Menschen vermengen. Im ersten Kapitel fragt der Reiter nach dem Namen des Flusses, der die Mauern von Theben bespült; Flaminius Rufus, der weiter oben der Stadt den Beinamen Hekatómpylos gegeben hat, sagt, der Fluß sei der Aigyptos; weder die eine noch die andere Benennung paßt zu ihm, wohl aber zu Homer, der in der *Ilias* ausdrücklich von Thebe Hekatómpylos spricht und der in der Odyssee sowohl Proteus als auch Odysseus vom Nil nie anders als vom Aigyptos sprechen läßt. Im zweiten Kapitel äußert der Römer, als er von dem unsterblichen Wasser trinkt, ein paar Worte auf griechisch; diese Worte sind homerisch; man kann sie gegen Schluß des berühmten Schiffskatalogs nachlesen. Später, in dem schwindelerregenden Palast, spricht er von einem »Aufbegehren, das fast ein Gewissensbiß war«; auch dieser Ausspruch findet sich bei Homer, der diesen Schauder vorausgefühlt hat. Diese Anomalien gaben mir zu denken; andere ästhetischer Art brachten mich der Wahrheit auf die Spur. Das letzte

Kapitel birgt sie. Da heißt es, daß ich auf der Brücke von Stamford als Soldat kämpfte, daß ich in Bulak die Reisen Sindbads des Seefahrers abschrieb und daß ich in Aberdeen auf die englische *Ilias* von Pope subskribierte. Unter anderem ist zu lesen: In Bikanir trieb ich Astrologie und ebenso in Böhmen. Keines dieser Zeugnisse ist falsch; bezeichnend ist die Tatsache, daß gerade sie herausgegriffen wurden. Das erste scheint einem Kriegsmann anzustehen; doch wird man in der Folge gewahr, daß der Erzähler dem Kriegerischen keine Aufmerksamkeit schenkt, wohl aber dem Los der Menschen. Die folgenden sind noch eigentümlicher: ein dunkler Vernunfttrieb nötigte mich, sie zu registrieren. Ich wählte sie, weil ich wußte, daß sie pathetisch waren. Dieses Pathos haben sie nicht im Munde des Römers Flaminius Rufus, sondern pathetisch sind sie im Munde Homers; merkwürdig ist, daß dieser im 14. Jahrhundert die Abenteuer Sindbads, jenes anderen Odysseus, und daß er nach Ablauf vieler Jahrhunderte in einem nördlichen Königreich und einem barbarischen Idiom die Formen seiner *Ilias* wiederentdeckt. Was die Redewendung, die den Namen Bikanir in sich aufnimmt, angeht, so ist ersichtlich, daß ein *homme de lettres* sie gedrechselt hat, den es (wie den Verfasser des Schiffskatalogs) gelüstete, mit klangvollen Namen zu prunken*.

Wenn das Ende naht, bleiben von der Erinnerung keine Bilder mehr; es bleiben allein Worte. Es ist nicht verwunderlich, daß die Zeit die irgendwann einmal für mich repräsentativen Bilder mit jenen zusammengeworfen hat, die Sinnbild des Schicksals meines Begleiters während so vieler Jahrhunderte gewesen sind. Ich bin Homer gewesen; nicht lange, so werde ich wie Odysseus Niemand sein; nicht lange, so werde ich alle sein; ich werde tot sein.

* Ernesto Sábato nimmt an, daß es sich bei jenem Giambattista, der mit dem Antiquar Cartaphilus den Ursprung der *Ilias* erörterte, um Giambattista Vico handle. Dieser Italiener vertrat die Auffassung, Homer sei eine sinnbildliche Figur wie Pluton oder Achilles.

Nachschrift von 1950: Unter den Beiträgen, zu denen die vorstehende Publikation angeregt hat, erschien der beachtlichste, wenn auch nicht gerade der freundlichste, unter dem biblischen Titel: *A Coat of many Colours* (Ein buntscheckiger Rock) in Manchester 1948, und zwar aus der tiefschürfenden Feder von Doktor Nahum Cordovero. Er umfaßt an die hundert Seiten. Der Verfasser spricht von den griechischen Centones, von den Centonen der mittellateinischen Zeit, von Ben Jonson, der seine Zeitgenossen mit Auszügen aus Seneca charakterisierte, von dem *Virgilius evangelizans* von Alexander Ross, von den Kunstgriffen George Moores und Eliots und – ganz zum Schluß – »von der Erzählung, die dem Antiquar Joseph Cartaphilus zugeschrieben wird«. Er weist im ersten Kapitel kurze Einschübe aus Plinius nach (*Historia naturalis* V, 8); im zweiten findet er etwas von Thomas de Quincey (*Writings*, III, 349), im dritten eine Stelle aus dem Brief Descartes' an den Botschafter Pierre Chanut, im vierten einen Ausspruch von Bernard Shaw (*Back to Methusela*, V). Aus diesen Einschaltungen oder Diebstählen zieht er den Schluß, daß das Dokument apokryph ist.

Meiner Ansicht nach ist diese Schlußfolgerung unzulässig. *Wenn das Ende naht*, schrieb Cartaphilus, *bleiben von der Erinnerung keine Bilder mehr; es bleiben allein Worte:* Worte, entstellte und verstümmelte Worte, Worte anderer waren das kümmerliche Almosen, das ihm die Stunden und die Tage überließen.

Für Cecilia Ingenieros

Tlön, Uqbar, Orbis Tertius

I

Ich verdanke der Konjunktion eines Spiegels und einer Enzyklopädie die Entdeckung Uqbars. Der Spiegel beunruhigte das Ende eines Ganges in einem Landhaus der Calle Gaona in Ramos Mejía; die Enzyklopädie nennt sich fälschlich *The Anglo-American Cyclopaedia* (New York, 1917) und ist ein wortgetreuer, wenn auch saumseliger Nachdruck der *Encyclopaedia Britannica* von 1902. Der Vorfall ereignete sich vor etwa fünf Jahren. Bioy Casares hatte an diesem Abend mit mir zusammen gespeist, und es war zwischen uns zu einem langwierigen Streitgespräch über die Ausarbeitung eines Ich-Romans gekommen, dessen Erzähler Tatsachen auslassen oder entstellen und sich in verschiedenerlei Widersprüche verwickeln sollte, wodurch ein paar wenigen Lesern – ganz wenigen Lesern allerdings – die Ahnung einer grausamen oder trivialen Wirklichkeit aufgehen sollte. Vom entfernten Ende des Ganges her belauerte uns der Spiegel. Wir entdeckten (in tiefer Nacht ist diese Entdeckung unvermeidlich), daß Spiegel etwas Schauerliches an sich haben. Daraufhin erinnerte sich Bioy Casares, daß einer der Häresiarchen von Uqbar erklärt hatte, die Spiegel und die Paarung seien abscheulich, weil sie die Zahl der Menschen vervielfachen. Ich fragte ihn nach der Herkunft dieser denkwürdigen Sentenz, und er antwortete mir, daß *The Anglo-American Cyclopaedia* sie in ihrem Artikel über Uqbar anführe. In dem Landhaus (das wir möbliert gemietet hatten) befand sich ein Exemplar dieses Werkes. Auf den letzten Seiten von Band XLVI stießen wir auf einen Artikel über Upsala; auf den ersten Seiten von XLVII auf einen über *Ural-Altaic Languages*, aber kein Wort über Uqbar. Bioy, ein bißchen bestürzt, sah in den Index-Bänden nach. Vergebens probierte er es mit allen irgend denkbaren Lesarten: Ukbar, Ucbar, Ooqbar, Ookbar, Oukbahr ... Vor dem Weggehen sagte er zu mir, es sei das eine Landschaft im Irak oder in Kleinasien. Ich muß gestehen, daß ich mit leisem Unbehagen zustimmte. Ich mutmaßte, daß dieses unbezeugte Land und dieser anonyme Häresiarch eine von dem bescheidenen Bioy improvisierte Fiktion zur Rechtfertigung seines Ausspruchs seien. Die ergebnislose Durchsicht eines der Atlanten von Perthes bestärkte mich in meiner Vermutung.

Am folgenden Tag rief Bioy mich aus Buenos Aires an. Er sagte zu mir, der Artikel über Uqbar liege vor ihm, und zwar stehe er in Band XLVI der Enzyklopädie. Der Name des Häresiarchen stehe nicht fest, wohl aber sei der Vermerk über seine Lehre fast wortgenau so formuliert, wie er sie wiedergegeben habe, wenn auch – vielleicht – literarisch schwächer. Er hatte sie so im Kopf gehabt: *Copulation and mirrors are abominable.* Der Wortlaut der Enzyklopädie besagte: »Für einen dieser Gnostiker war die sichtbare Welt eine Illusion oder (genauer gesagt) ein Sophismus. Der Spiegel und die Vaterschaft sind abscheulich (mirrors and fatherhood are abominable), weil sie jene vervielfältigen und in Umlauf bringen.« Ich sagte ihm, ohne mich an der Wahrheit zu vergehen, daß ich diesen Artikel gern sehen möchte. Innerhalb weniger Tage brachte er ihn her. Das überraschte mich um so mehr, als die gewissenhaften Kartographischen Indices der Erdkunde von Ritter in völliger Unkenntnis des Namens Uqbar befangen waren.

Der Band, den Bioy brachte, war tatsächlich Band XLVI der *Anglo-American Cyclopaedia.* Die alphabetische Angabe (Tor-Ups) auf dem Schutzumschlag und dem Buchrücken war dieselbe wie bei unserem Exemplar, doch statt aus 917 bestand es aus 921 Seiten. Diese vier zusätzlichen Seiten enthielten den Artikel über Uqbar; in der alphabetischen Angabe (wie der Leser bemerkt haben wird) war er nicht berücksichtigt. Späterhin stellten wir fest, daß zwischen den Bänden sonst kein Unterschied besteht. Beide (wie ich angedeutet zu haben glaube) sind Nachdrucke der zehnten *Encyclopaedia Britannica.* Bioy hatte sein Exemplar bei einer von zahlreichen Versteigerungen erworben.

Wir lasen den Artikel recht gewissenhaft; die Stelle, an die Bioy sich erinnert hatte, war wohl die einzige überraschende. Alles übrige mutete recht wahrscheinlich an und war vortrefflich auf den allgemeinen (selbstredend ein bißchen langweiligen) Ton des Werkes abgestimmt. Als wir ihn ein zweites Mal lasen, stellten wir hinter seiner streng sachlichen Schreibweise eine grundlegende Verschwommenheit fest. Von den vierzehn Namen, die im geographischen Teil vorkamen, erkannten wir nur drei wieder: – Jorasan, Armenien, Erzerum –, die auf zweideutige Art in den Text eingeschmuggelt waren. Von den historischen Namen nur einen einzigen, den des betrügerischen Zauberers Esmerdis, auf den jedoch mehr metaphorisch Bezug genommen wurde. Die Stichworterklärung schien die Grenzen Uqbars zu umreißen, jedoch ihre nebelhaften Beziehungspunkte waren Flüsse und Bergketten des Gebietes selber. So lasen wir zum Beispiel: daß die Tiefebenen von Tsai Jaldun und das Delta des Axa die Südgrenze bilden und daß auf den Inseln dieses Deltas die Wildpferde sich fortpflanzen. So am Anfang von Seite 918. Dem geschichtlichen Abschnitt (Seite 920) entnahmen wir, daß bei Ausbruch der religiösen Verfolgungen im 13. Jahrhundert die Rechtgläubigen auf den Inseln Zuflucht suchten, wo sich ihre Obelisken bis heute erhalten haben und wo man im Boden nicht selten auf ihre steinernen Spiegel stößt. Der Abschnitt Sprache und Literatur war knapp gehalten. Ein einziger bezeichnender Charakterzug; es war angemerkt, daß die Literatur Uqbars phantastischer Art sei und daß ihre Epen und ihre Legenden sich nie auf die Wirklichkeit bezögen, sondern auf die beiden Phantasiereiche Mlejnas und Tlön ... Die Bibliographie zählte vier Bücher auf, die wir bis heute nicht ausfindig gemacht haben, obwohl das dritte – Silas Haslam: *History of the land called Uqbar*, 1874 – in den Katalogen der Buchhandlung Bernard Quaritch aufgeführt ist.* Das erste: *Lesbare und lesenswerthe Bemerkungen über das Land Ukkbar in Klein-Asien*, stammt von 1641 und ist ein Werk von Johannes Valentinus Andreä. Ein bemerkenswerter Umstand; ein paar Jahre danach stieß ich in den Schriften von De Quincey (*Writings*, dreizehnter Band) unvermutet auf diesen Namen und erfuhr, daß ein deutscher Theologe so heiße, der zu Beginn des 17. Jahrhunderts die imaginäre Gemeinschaft der Rosenkreutzer beschrieb – die andere daraufhin gründeten, indem sie seinen vorausschauenden Entwurf nachahmten.

Noch in derselben Nacht begaben wir uns in die Biblioteca Nacional. Umsonst schlugen wir Atlanten, Kataloge, Jahrbücher geographischer Gesellschaften, Memoiren von Reisenden und Geschichtsschreibern nach: niemand war je in Uqbar gewesen. Ebensowenig verzeichnete der Hauptindex der Enzyklopädie Bioys diesen Namen. Am folgenden Tag entdeckte Carlos Mastronardi (dem ich die Sache unterbreitet hatte) in einer Buchhandlung in Corrientes y Talcahuano die schwarzen, in Gold gepreßten Bände der *Anglo-American Cyclopaedia* ... Er ging hinein und sah in Band XLVI nach. Selbstverständlich fand er nicht den geringsten Hinweis auf Uqbar.

II

Ein Rest verblassender Erinnerung an Herbert Ashe, Ingenieur der Süd-Eisenbahnen, hält sich noch im Landhaus Adrogué unter dem üppigen Geißblatt und in der wahnhaften Tiefe der Spiegel. Im Lauf seines Lebens krankte er,

* Haslam hat außerdem *A general History of labyrinths* veröffentlicht.

wie viele Engländer, an Unwirklichkeit; als Toter ist er nicht einmal das Phantasma, das er damals war. Er war groß und schlaksig, und sein ermüdeter rechteckiger Bart war einmal rot gewesen. Soviel ich weiß, war er ein kinderloser Witwer. Alle paar Jahre ging er nach England, um (wie ich aus Fotografien schließe, die er uns zeigte) mit einer Sonnenuhr und ein paar Eichen Wiedersehen zu feiern. Mein Vater hatte mit ihm eine jener englischen Freundschaften geschlossen (das Verb sagt schon zuviel), die mit Ausschaltung jeder Vertraulichkeit anfangen und das Zwiegespräch sehr bald weglassen. Sie unterhielten gewohnheitsmäßig einen Austausch von Büchern und Zeitungen; sie pflegten sich am Schachbrett schweigsam zu messen … Ich sehe ihn noch auf einem Gang der Villa mit einem Mathematikbuch in der Hand, wie er hie und da den unwiederbringlichen Farben des Himmels einen Blick schenkte. Eines Nachmittags sprachen wir vom Zwölfzahlensystem (bei dem die Zwölf als 10 geschrieben wird). Ashe sagte, er sei eben dabei, irgendwelche Zwölfertafeln in Sechsertafeln zu übertragen (bei denen Sechzig als 10 geschrieben wird). Er fügte hinzu, ein Norweger habe ihm diese Arbeit aufgetragen: in Rio Grande do Sul. Acht Jahre kannten wir ihn schon, und nie hatte er seinen Aufenthalt in dieser Gegend erwähnt … Wir sprachen vom Hirtenleben, von *capangas*, von der brasilianischen Etymologie des Wortes *gaucho* (das ein paar alte Ostleute Uruguays noch heute *gaúcho* aussprechen), und von Zwölferfunktionen – Gott verzeih mir – war nicht mehr die Rede. Im September 1937 (wir waren damals nicht im Landhaus) starb Herbert Ashe an einem Pulsaderriß. Ein paar Tage vorher hatte er aus Brasilien ein versiegeltes Wertpaket zugeschickt bekommen. Es war ein Buch in Groß-Oktav. Ashe ließ es in der Bar liegen, wo ich es – Monate später – fand. Ich begann darin zu blättern und verspürte einen leichten Schwindel der Bestürzung, den ich nicht schildern werde, weil dies hier nicht die Geschichte meiner Empfindungen, sondern die von Uqbar und Tlön und Orbis Tertius ist. Der Islam kennt eine Nacht, genannt die Nacht der Nächte: da tun sich die geheimen Türen des Himmels sperrangelweit auf, und süßer ist das Wasser in den Krügen; wenn diese Türen aufgingen, so würde ich nicht fühlen, was ich an diesem Abend fühlte. Das Buch war in englischer Sprache verfaßt und bestand aus 1001 Seiten. Auf dem gelben Lederrücken las ich die folgenden seltsamen Worte, die sich auf dem Vorsatzblatt wiederfanden: *A first Encyclopaedia of Tlön*, Vol. XI, Hlaer to Jangr. Erscheinungsort und -jahr waren nirgends angegeben. Auf der ersten Seite und auf einem Deckblatt aus Seidenpapier, das eine der Farbtafeln schützte, war ein blaues Oval eingedruckt mit der Inschrift: *Orbis Tertius.* Zwei Jahre war es her, seit ich in einem gewissen Band einer gewissen raubmäßig gedruckten Enzyklopädie die summarische Beschreibung eines falschen Landes entdeckt hatte; jetzt bescherte mir der Zufall etwas weit Kostbareres und Anspruchsvolleres. Jetzt hielt ich ein ausführliches, methodisch abgefaßtes Bruchstück der Gesamtgeschichte eines unbekannten Planeten in Händen, mit seinen Bauwerken und seinen Zwistigkeiten, dem heiligen Schrecken seiner Mythologien und dem Geraun seiner Sprachen, mit seinen Kaisern und seinen Meeren, mit seinen Mineralien und seinen Vögeln und seinen Fischen, mit seiner Algebra und seinem Feuer, mit seiner theologischen und metaphysischen Widerträchtigkeit. Dies alles gegliedert, zusammenhängend, ohne ersichtliche Lehrabsicht oder parodistische Färbung.

Im »elften« Band, von dem ich spreche, finden sich Anspielungen auf folgende und vorangehende Bände. Néstor Ibarra hat in seinem heute bereits klassischen Aufsatz in der *N. R. F.* in Abrede gestellt, daß diese Zusatzbände existieren; Ezequiel Martínez Estrada und Drieu La Rochelle haben diesen Zweifel – vermutlich siegreich – widerlegt. Tatsache ist, daß die gewissenhaftesten Nachforschungen bis heute fruchtlos geblieben sind. Vergebens haben wir die Bibliotheken der beiden Amerika und Europas durchstöbert. Alfonso Reyes, überdrüssig dieser untergeordneten Detektivarbeit, schlägt vor, wir sollten uns alle zusammentun und die Rekonstruktion der vielen dickleibigen Bände, die fehlen, in Angriff nehmen: *ex ungue leonem.* Er berechnet halb im Ernst, halb im Spaß, daß eine Generation von Tlönisten ausreichen dürfte. Dieser gewagte Voranschlag führt uns auf das Grundproblem zurück: Welche Leute haben Tlön erfunden? Die Mehrzahl ist unerläßlich, weil die Hypothese eines einzigen Erfinders – eines unendlichen in Schatten und Bescheidenheit wirkenden Leibniz – einhellig verworfen worden ist. Man vermutet, daß diese *brave new world* das Werk einer Geheimgesellschaft von Astronomen, Biologen, Ingenieuren, Metaphysikern, Dichtern, Chemikern, Algebrakundigen, Moralisten, Malern und Geometern gewesen ist – unter der Leitung eines im Dunkel gebliebenen Genies. Einzelpersönlichkeiten, die diese verschiedenen Disziplinen beherrschen, gibt es zwar in Menge, aber keine Erfindungsbegabten und erst recht keine, die begabt sind, die Erfindung einem strengen systematischen Plan unterzuordnen. Dieser Plan ist so weit gespannt, daß der Beitrag jedes einzelnen Mitarbeiters verschwindend klein ist. Anfangs war man der Ansicht, Tlön sei ein bloßes Chaos, eine unverantwortliche Ausgeburt freier Phantasie; heute weiß man, daß es ein Kosmos ist, und die verborgenen Gesetze, die ihn durchwalten, sind, wenn auch nur provisorisch, formuliert worden. Der Hinweis mag genügen, daß die anscheinenden Widersprüche im elften Band der beweiskräftige Prüfstein dafür sind, daß es die anderen geben muß, so durchaus klar und richtig ist die Ordnung, die man hier festgestellt hat. Die populären Zeitschriften haben sich verzeihlicherweise bemüßigt gefühlt, die Zoologie und Topographie von Tlön unter die Leute zu bringen; ich meine jedoch, daß seine durchsichtigen Tiger und seine Bluttürme nicht die fortwährende Aufmerksamkeit aller Menschen verdienen. Ich bin so kühn, für seine Weltanschauung für ein paar Minuten um Gehör zu bitten.

Hume hat ein für allemal festgestellt, daß die Argumente von Berkeley nicht die geringste Erwiderung zuließen und nicht die geringste Überzeugung hervorriefen. Dieses Urteil ist, wenn man es auf die Erde anwendet, durchaus wahr, dagegen ganz und gar falsch in bezug auf Tlön. Die Völker dieses Planeten sind – von Geburt an – Idealisten. Ihre Sprache und was aus dieser Sprache folgt – die Religion, die Literatur, die Metaphysik – setzen den Idealismus voraus. Die Welt ist für sie nicht ein Zusammentreffen von Gegenständen im Raum; sie ist eine herkunftsmäßig verschiedene Reihenfolge unabhängiger Handlungen. Sie ist sukzessiv, zeitlich, nicht räumlich. Die erschlossene *Ursprache* Tlöns, von der die »heutigen« Idiome und Dialekte herstammen, kennt keine Dingwörter; es gibt unpersönliche Verben, die durch einsilbige Suffixe (oder Präfixe) adverbieller Art näher bestimmt werden. Zum Beispiel: es gibt kein Wort, das dem Wort »Mond« entspricht, aber es gibt ein Verbum, das im Lateinischen »lunare« oder bei uns »monden« lauten würde. *Der Mond ging über dem Fluß auf* lautet: *blör u fang axaxas mlö* oder in genauer Wortfolge: Empor hinter dauer-fließen mondet'es (Xul Solar übersetzt in knapper Form: upa tras perfluyue lunó. *Upward, behind the onstreaming it mooned*).

Das eben Gesagte gilt für die Sprachformen der südlichen Hemisphäre. In denen der nördlichen Hemisphäre (über deren Ursprache der elfte Band nur sehr geringe Angaben enthält) ist die ursprüngliche Keimzelle nicht das Verb, sondern das einsilbige Adjektiv. Das Substantiv wird durch Häufung von Adjektiven gebildet. Man sagt nicht: Mond, man sagt: *luftig-hell auf dunkel-rund* oder *orange-himmelscheinend* oder irgendeine andere Wortfügung. In dem angeführten Fall entspricht die Menge der Adjektive einem wirklichen Gegenstand; der Umstand ist rein zufällig. In der Literatur dieser Hemisphäre (wie in der noch bestehenden Welt von Meinong) kommen ideale Gegenstände in Fülle vor; je nach poetischer Notwendigkeit werden sie in einem Nu berufen und aufgelöst. Manchmal ist die bloße Gleichzeitigkeit für sie bestimmend. Es gibt Gegenstände, die aus zwei Begriffen zusammengesetzt sind, von denen der eine sichtbar, der andere hörbar ist: die Farbe des Sonnenaufgangs und der ferne Ruf eines Vogels. Es gibt sie von vielen Dingen: die Sonne und das an die Brust des Schwimmers schlagende Wasser, das pulsierende Rot, das man bei geschlossenen Augen sieht, das Gefühl eines Menschen, der sich von einem Strom, zugleich aber von einem Traum davontreiben läßt. Diese Gegenstände zweiten Grades können mit anderen kombiniert werden; der Prozeß ist, mit Hilfe gewisser Abkürzungen, praktisch unbegrenzt. Es gibt berühmte Gedichte, die aus einem einzigen Wort-Ungeheuer bestehen. Dieses Wort verkörpert einen vom Autor geschaffenen *poetischen Gegenstand.* Die Tatsache, daß niemand an die Realität der Substantive glaubt, hat paradoxerweise zur Folge, daß ihre Zahl unbegrenzt ist. Die Idiome der nördlichen Hemisphäre von Tlön besitzen sämtliche Nomina der indoeuropäischen Sprachen – und viele andere mehr.

Es ist nicht übertrieben zu behaupten, daß die klassische Kultur von Tlön eine einzige Disziplin umfaßt: die Psychologie. Die anderen sind ihr untergeordnet. Ich habe gesagt, daß die Menschen dieses Planeten die Welt als eine Folge geistiger Vorgänge auffassen, die sich nicht im Raum, sondern nacheinander in der Zeit abspielen. Spinoza legt seiner unerschöpflichen Gottheit die Ausdehnung und das Denken als Attribute bei; kein Mensch in Tlön würde die Verschränkung des ersten Attributs (das lediglich für gewisse Zustände typisch ist) mit dem zweiten einsehen, das ein deckungsgleiches Synonym für den Kosmos ist. In anderen Worten gesagt: sie sehen nicht ein, daß das Räumliche in der Zeit fortdauern soll. Die Wahrnehmung eines

Rauchgewölks am Horizont und danach der brennenden Steppe und danach der halberloschenen Zigarre, die das Brennen hervorbrachte, wird als ein Beispiel von Gedankenassoziation gewertet.

Dieser totale Monismus oder Idealismus setzt die Wissenschaft außer Kraft. Eine Tatsache erklären (oder beurteilen) heißt ja, sie mit anderen verbinden; diese Verknüpfung gilt in Tlön als ein späterer Zustand des Subjekts, der den vorhergehenden Zustand weder affizieren noch erklären kann. Jeder geistige Zustand ist nicht reduzierbar; die bloße Tatsache, ihn zu benennen – *id est* zu klassifizieren –, bedingt eine Verfälschung. Hieraus sollte man den Schluß ziehen, daß es in Tlön keine Wissenschaft – ja nicht einmal Überlegungen gebe. In Wahrheit gibt es sie paradoxerweise, und zwar in nahezu unbegrenzter Zahl. Den Philosophen ergeht es genauso wie den Substantiven in der nördlichen Hemisphäre. Der Umstand, daß jede Philosophie von vornherein ein dialektisches Spiel, eine *Philosophie des Als Ob* ist, hat zu ihrer Vervielfältigung beigetragen. Es wimmelt von unglaublichen Systemen, deren Aufbau jedoch ansprechend oder aufsehenerregend ist. Die Metaphysiker in Tlön suchen nicht die Wahrheit, ja nicht einmal die Wahrscheinlichkeit: sie suchen das Erstaunen. Sie sind der Auffassung, daß die Metaphysik ein Zweig der phantastischen Literatur ist. Sie wissen, daß ein System in nichts anderem besteht als in der Unterordnung aller Aspekte des Universums unter irgendeinen von ihnen. Sogar die Bezeichnung »alle Aspekte« ist zu verwerfen, da sie die unmögliche Addition des gegenwärtigen Augenblicks und der vergangenen voraussetzt. Unzulässig ist aber auch der Plural »die vergangenen«, weil er einen anderen ebenso unmöglichen Denkschritt voraussetzt ... Eine der Schulen von Tlön kommt zur Leugnung der Zeit; sie stellt die Überlegung an, daß die Gegenwart undefiniert ist, daß die Zukunft nur als gegenwärtige Hoffnung Wirklichkeit hat, daß die Vergangenheit nur als gegenwärtige Erinnerung

Wirklichkeit hat.* Eine andere Schule behauptet, daß bereits *die ganze Zeit* abgelaufen ist und daß unser Leben nur die nachdämmernde Erinnerung oder der unzweifelhaft verfälschte und verstümmelte Widerschein eines unwiederbringlichen Vorganges ist. Eine andere, daß die Geschichte der Welt – und darin unser Leben und die geringfügigste Einzelheit unseres Lebens – die Niederschrift einer untergeordneten Gottheit ist, die sie zur Verständigung mit einem Teufel benutzt. Eine andere, daß die Welt mit jenen Kryptogrammen zu vergleichen ist, in denen nicht alle Zeichen gültig sind, und daß Wahrheit nur das ist, was alle dreihundert Nächte geschieht. Eine andere, daß, während wir hier schlafen, wir woanders wach sind und daß so jeder Mensch zwei Menschen ist.

Unter den Lehren Tlöns hat keine so großen Anstoß erregt wie der Materialismus. Einige Denker haben ihn nicht so sehr klar als mit leidenschaftlichem Eifer so formuliert, wie man ein Paradox vorträgt. Um diese unbegreifliche These dem Verständnis näherzubringen, ersann im 11. Jahrhundert ein Häresiarch das Sophisma von den neun Kupfermünzen, das ob seiner Anstößigkeit in Tlön so berüchtigt ist wie bei uns das von den Aporien der Eleaten. Von dieser »spitzfindigen Beweisführung« gibt es viele Versionen, in denen die Zahl der Münzen und die Zahl der Funde Abwandlungen unterliegen; ich lasse hier die geläufigste folgen:

Am Dienstag überquert X einen menschenleeren Weg und verliert neun Kupfermünzen. Am Donnerstag findet Y auf dem Weg vier Münzen, die der Regen vom Mittwoch ein wenig geschwärzt hat. Am Freitag entdeckt Z drei Münzen auf dem Weg. Am Freitag morgen findet X zwei Münzen im Flur seines Hauses. Der Häresiarch woll-

* Russell (*The Analysis of Mind*, 1921, p. 159) setzt voraus, daß der Planet vor wenigen Minuten erschaffen wurde, ausgestattet mit einer Menschheit, die eine illusorische Vergangenheit »erinnert«.

te aus dieser Geschichte die Realität – *id est* die Kontinuität – der neun wiedererlangten Kupfermünzen deduzieren. *Es ist absurd sich vorzustellen (bekräftigte er), daß vier der Münzen zwischen Dienstag und Donnerstag, drei zwischen Dienstag und Freitag nachmittag, zwei zwischen Dienstag und Freitag früh nicht existiert haben – sei es auch auf eine geheime, dem Begreifen des Menschen verschlossene Art – in sämtlichen Augenblicken dieser drei Zeitspannen.*

Die Sprache von Tlön widersetzte sich der Formulierung dieses Paradoxes; die meisten verstanden es überhaupt nicht. Die Verfechter des gesunden Menschenverstandes beschränkten sich anfangs darauf, der Anekdote jeden Wahrheitsgehalt abzusprechen. Sie hoben wiederholt hervor, es handle sich um eine sprachliche Täuschung, beruhend auf der tollkühnen Verwendung zweier durch den allgemeinen Gebrauch nicht autorisierter und jedem strengen Denken fernstehender Neologismen: der Verben »finden« und »verlieren«, die insofern eine petitio principii beinhalteten, als sie die Identität der neun ersten und der neun letzten Münzen voraussetzten. Sie gaben zu bedenken, daß jedes Substantiv (Mensch, Münze, Donnerstag, Mittwoch, Regen) nur einen metaphorischen Wert hat. Sie wiesen auf den erschlichenen Nebenumstand hin: *die der Regen vom Mittwoch ein bißchen geschwärzt hatte*, der voraussetzt, was erst bewiesen werden soll: die Andauer der Münzen zwischen dem Donnerstag und dem Dienstag. Sie erklärten, daß *Gleichheit* etwas anderes ist als *Identität* und formulierten eine Art *reductio ad absurdum* an Hand eines hypothetischen Falles: neun Menschen erleiden in neun aufeinanderfolgenden Nächten einen heftigen Schmerz. Wäre es nicht lächerlich zu behaupten, so fragen sie, daß dieser Schmerz ein und derselbe ist?* Sie sagten,

* Heute stellt eine der Kirchen von Tlön die platonische Behauptung auf, daß ein gewisser Schmerz, ein gewisser grünlicher Anflug des Gelben, daß eine

den Häresiarchen habe lediglich das lästerliche Vorhaben getrieben, der göttlichen Kategorie *Sein* ein paar Pfennigmünzen beizulegen; in gewissen Fällen leugnete er die Pluralität, in anderen nicht. Sie argumentierten, wenn Gleichheit soviel bedeute wie Identität, dann müßte man auch zugeben, daß die neun Münzen nur eine einzige seien.

So unglaublich es klingen mag: mit diesen Widerlegungen hatte es nicht sein Bewenden. Hundert Jahre nach der Aufstellung des Problems formulierte ein brillanter Denker, der dem Häresiarchen nicht nachstand, aber der orthodoxen Tradition angehörte, eine überaus kühne Hypothese. Diese erleuchtende Spekulation behauptet, daß es ein einziges Subjekt gibt, daß dieses Subjekt unteilbar jede einzelne der Seinseinheiten des Universums ist und daß diese die Organe und Masken der Gottheit sind. X ist Y und ist Z. Z entdeckt drei Münzen, weil er sich erinnert, daß sie X verlorengingen; X findet zwei im Flur, weil er sich erinnert, daß die übrigen wiedergefunden wurden ... Der elfte Band gibt zu verstehen, daß drei Hauptgründe für den totalen Sieg dieses idealistischen Pantheismus ausschlaggebend waren. Zum ersten die Zurückweisung des Solipsismus; zum zweiten die Möglichkeit, an der psychologischen Grundlage der Wissenschaften festzuhalten; zum dritten die Möglichkeit, den Götterkult beizubehalten. Schopenhauer (der leidenschaftliche und geistesklare Schopenhauer) entwickelt eine ganz ähnliche Lehre im ersten Band von *Parerga und Paralipomena.*

Die Geometrie umfaßt in Tlön zwei voneinander abweichende Disziplinen: die Seh- und die Tastgeometrie. Die letztere entspricht der uns geläufigen, wird aber der ersten untergeordnet. Die Grundlage der Sehgeometrie ist die Oberfläche, nicht der Punkt. Diese Geometrie kennt nicht

gewisse Temperatur, ein gewisser Ton die einzige Wirklichkeit sind. Alle Menschen sind im schwindelnden Augenblick des Coitus derselbe Mensch. Alle Menschen, die eine Zeile von Shakespeare memorieren, sind Shakespeare.

die Parallelen und behauptet, daß der Mensch, der sich fortbewegt, die Formen seiner Umgebung verändert. Die Grundlage der Arithmetik ist der Begriff der undefinierten Zahlen. Der Nachdruck ruht auf den Verhältnisbegriffen »größer« und »kleiner«, die in unserer Mathematik mit > und mit < bezeichnet werden. Es wird behauptet, daß der Vorgang des Zählens die Mengen verändert und sie aus undefinierten in definierte verwandelt. Die Tatsache, daß mehrere Individuen, die eine gleich große Menge zählen, zum gleichen Ergebnis kommen, wird von den Psychologen als schlagendes Beispiel für Gedankenverbindungen oder Gedächtnisschulung gewertet. Wir wissen ja, daß in Tlön das Subjekt des Erkennens eines und ewig ist.

Auch in den literarischen Gebräuchen ist die Vorstellung von einem einzigen Subjekt allbeherrschend. Nur selten tragen Bücher den Namen des Verfassers; den Begriff des Plagiats gibt es nicht: man geht von der festen Annahme aus, daß alle Werke das Werk eines einzigen Autors sind, der zeit- und namenlos ist. Die Kritik pflegt Autoren zu erfinden; sie greift zwei einander unähnliche Werke heraus – das Tao Te King etwa und die Märchen von Tausendundeiner Nacht –, schreibt sie demselben Autor zu und bestimmt dann fein säuberlich die Psychologie dieses interessanten *homme de lettres.*

Dennoch sind die Bücher unterschiedlich; die schöngeistigen umfassen ein einziges Thema in allen nur denkbaren Abwandlungen. Die naturphilosophischen enthalten unfehlbar die These und die Antithese, das reinliche Für und Wider einer Lehre. Ein Buch ohne Selbstwiderlegung gilt als unvollständig.

Der Idealismus von Jahrhunderten und Aberjahrhunderten ist an der Wirklichkeit nicht spurlos vorbeigegangen. So ist in den ältesten Gebieten von Tlön die Verdoppelung verlorener Gegenstände nichts Seltenes. Zwei Personen suchen einen Bleistift: die erste findet ihn und sagt nichts; die zweite findet einen zweiten nicht minder wirklichen Bleistift, der jedoch ihrer Erwartung besser angepaßt ist. Diese Sekundärgegenstände heißen »hrönir« und sind, wenn auch anmutlos in der Form, um ein weniges größer. Bis vor kurzem waren die »hrönir« Zufallskinder der Zerstreutheit und der Vergeßlichkeit. Man sollte nicht glauben, daß ihre methodische Produktion nicht älter als knapp hundert Jahre ist, aber so steht es im elften Band. Die ersten Anstrengungen waren fruchtlos. Der *modus operandi* jedoch verdient erwähnt zu werden. Der Direktor eines der Staatsgefängnisse teilte den Häftlingen mit, im ehemaligen Bett eines Flusses gäbe es gewisse Grabstätten, und versprach denen die Freiheit, die einen bedeutenden Fund herausholen würden. In den Monaten, die der Ausgrabung vorangingen, zeigte man ihnen fotografische Aufnahmen von dem, was sie finden würden. Dieser erste Versuch bewies, daß Hoffnung und Gier sich hemmend auswirken können; eine Woche Arbeit mit Pickel und Spaten förderte als »hrönir« nur ein verrostetes Rad zutage, das sich späteren Datums erwies als das Experiment. Dieses wurde geheimgehalten und danach in vier Studienanstalten wiederholt. In drei Fällen scheiterte es nahezu völlig; im vierten (der Leiter starb zufällig während der ersten Ausgrabungen) hoben – oder erzeugten – die Schüler eine Goldmaske, ein archaisches Schwert, zwei oder drei Tonkrüge und den grün angelaufenen und verstümmelten Torso eines Königs mit einer Inschrift auf der Brust, die bis heute der Entzifferung harrt. So kam man auf die Abträglichkeit von Zeugen, die den experimentellen Charakter der Suche kennen ... die Massenforschungen bringen widerspruchsvolle Gegenstände hervor; heute bevorzugt man die individuellen und mehr improvisierten Arbeiten. Die methodische Züchtung von »hrönirs« (sagt der elfte Band) hat den Archäologen ungemeine Dienste geleistet. Sie hat die Befragung, ja die Veränderung der Vergangenheit ermöglicht, die heute nicht weniger bildsam und gefügig ist als die Zukunft. Ein seltsamer Umstand: die »hrönir«

zweiten und dritten Grades – das heißt die »hrönir«, die von einem anderen »hrön«, sowie die »hrönir«, die vom »hrön« eines »hrön« abgeleitet sind – zeigen die Abweichungen von dem ursprünglichen in übertriebener Form; die »hrönir« fünften Grades sind nahezu einförmig; die neungrädigen vermischen sich mit denen zweiten Grades, bei denen vom elften Grad kommt es zu einer Reinheit der Linien, wie sie die Originale nicht besitzen. Der Vorgang ist periodisch; beim »hrön« zwölften Grades setzt bereits der Verfall ein. Merkwürdiger und reiner als das »hrön« ist manchmal das »ur«: das durch Suggestion erzeugte Ding, der von Hoffnung herangebildete Gegenstand. Die große Goldmaske, von der ich gesprochen habe, ist ein berühmtes Beispiel.

In Tlön verdoppeln sich die Dinge; sie neigen ebenfalls dazu, undeutlich zu werden und die Einzelheiten einzubüßen, wenn die Leute sie vergessen. Ein klassisches Beispiel ist jene Türschwelle, die andauerte, solange ein Bettler sie besuchte, und die bei seinem Tode den Blicken entschwand. Zuweilen haben ein paar Vögel oder ein Pferd die Ruinen eines Amphitheaters gerettet.

1940, *Salto Oriental*

Nachschrift von 1947. Ich gebe den vorstehenden Artikel genau so wieder, wie er 1940 in der *Antología de la literatura fantástica* erschien, lediglich mit Streichung einiger Metaphern und einer Art Schlußbetrachtung in spaßhaftem Ton, die heute frivol wirkt. Seit jenem Datum sind so viele Dinge geschehen. Ich will mich damit begnügen, an sie zu erinnern.

Im März 1941 wurde in einem Buch von Hinton aus dem Besitz Herbert Ashes ein handschriftlicher Brief von Gunnar Erfjord entdeckt. Der Umschlag trug den Poststempel von Ouro Preto; der Brief klärte das Rätsel von Tlön völlig auf.

Der Text bestätigt die Hypothesen von Martínez Estrada. Zu Anfang des 17. Jahrhunderts, während einer Nacht in Luzern oder London, hub die glanzvolle Geschichte an. Eine geheime und hochwohllöbliche Gesellschaft (zu deren Mitgliedern Dalgarno und später George Berkeley zählten) trat zusammen, um ein Land zu erfinden. In dem vagen Anfangsprogramm waren die »hermetischen Studien«, die Philanthropie und die Kabbala vertreten. Aus dieser ersten Epoche stammt das merkwürdige Buch von Andreä. Nach einigen Jahren, die mit Beratungen und vorschnellen Synthesen hingingen, sah man ein, daß eine Generation für die Artikulierung eines Landes nicht ausreiche. Man faßte den Beschluß: die in ihr vertretenen Meister sollten jeder zur Fortführung des Werkes einen Schüler bestimmen. Diese Erbregelung setzte sich durch, nach Ablauf von zwei Jahrhunderten ersteht die verfolgte Brüderschaft in Amerika aufs neue. Um 1824 hat in Memphis (Tennessee) einer der Bundesbrüder eine Unterredung mit dem asketischen Millionär Ezra Buckley. Dieser läßt den Bittsteller fast geringschätzig ausreden – und macht sich lustig über die Bescheidenheit des Plans. Er sagt zu ihm, in Amerika sei es absurd, ein Land erfinden zu wollen, und schlägt ihm die Erfindung eines Planeten vor. Dieser gigantischen Idee fügt er eine weitere hinzu, die seinem Nihilismus entspringt: Geheimhaltung des ungeheuren Unternehmens. Zu der Zeit waren die 20 Bände der »Encyclopaedia Britannica« im Umlauf: Buckley rät zu einer methodischen Enzyklopädie des illusorischen Planeten. Er wird den Geheimbrüdern dessen goldhaltige Bergzüge, die schiffbaren Flüsse, die von Stier und Bison bevölkerten Weideflächen, die Neger, die Bordells und die Dollars unter der einen Bedingung überlassen: »Das Werk soll kein Bündnis mit dem Scharlatan Jesus Christus eingehen.« Buckley glaubt nicht an Gott, aber er will dem nichtexistierenden Gott beweisen, daß die Sterblichen fähig sind, eine Welt auszuhecken. Buckley wird im Jahre 1828 in Baton Rouge vergiftet; im Jahre 1914 überreicht die Gesellschaft ihren Mitarbeitern, deren Zahl sich auf dreihundert beläuft, den Schlußband der Ersten Enzyklopädie von Tlön. Die Ausgabe ist geheim; die vierzig Bände, die sie umfaßt (das gewaltigste Unternehmen, das Menschen je in Angriff genommen haben), waren als Grundlage für eine andere, mehr ins einzelne gehende gedacht, die nicht in Englisch, sondern in einer der Sprachen von Tlön abgefaßt sein sollte. Diese Nachmusterung einer illusorischen Welt nennt sich provisorisch *Orbis Tertius*, und einer ihrer bescheidenen Demiurgen war Herbert Ashe, ich weiß nicht, ob im Auftrag von Gunnar Erfjord oder als Bundesbruder des Elften Bandes. Daß er Empfänger eines Exemplars war, spricht für die zweite Annahme. Aber wer waren die anderen? Um das Jahr 1942 häuften sich die Tatsachen. An eine der ersten erinnere ich mich mit besonderer Deutlichkeit, und ich meine, daß ich sie wie eine Vorbotschaft empfand. Der Vorfall spielte sich in einem Appartment der Calle Laprida ab, im Angesicht eines lichten hohen Balkons, der nach Sonnenuntergang sah. Die Prinzessin von Faucigny Lucinge hatte ihr Silbergeschirr aus Poitiers geborgen. Aus der Tiefe einer mit internationalen Siegeln kreuz und quer übersäten Kiste tauchten nacheinander feine bewegungslose Dinge auf, unter ihnen: Utrechter und Pariser Silbergeschirr mit hartgetriebener heraldischer Tierwelt, ein Samowar; unter ihnen spielte – mit dem merklichen und zarten Vibrieren eines schlafenden Vogels – geheimnisvoll ein Kompaß. Die Fürstin erkannte ihn nicht wieder. Die blaue Nadel strebte dem magnetischen Pol zu, die metallene Fassung war konkav; die Buchstaben auf dem Zifferblatt entsprachen einem der Alphabete von Tlön. Hier brach die phantastische Welt zum erstenmal in die reale Welt ein. Ein Zufall, der mich beunruhigt, wollte es so, daß ich ebenfalls Zeuge des zweiten wurde. Er ereignete sich ein paar Monate später in der Schankwirtschaft eines Brasilianers, in der Cuchilla Negra. Amorim und ich kamen von Sant'Anna zurück. Da der Fluß Tacuarembó Hochwasser führte, sahen wir uns gezwungen, diese unterentwickelte Gastlichkeit zu erproben (und auf uns zu nehmen). Der Wirt schlug für uns in einem großen Raum, der mit Fässern und Schläuchen vollgestopft war, ein paar knarrende Bettstellen auf. Wir legten uns hin, aber der Rausch eines unsichtbaren Nebenbewohners, der unentwirrbare Fluchworte mit Milongas – oder Fetzen einer einzigen Milonga – versetzte, brachte uns bis in die Morgenstunden um den Schlaf. Begreiflicherweise schrieben wir dem feurigen Zuckerrohrschnaps des Wirts dieses hartnäckige Gebrüll zu ... Am Morgen lag der Mann tot im Hausflur. Die Rauheit seiner Stimme hatte uns getäuscht: es war ein junger Bursche. Im Delirium waren ihm ein paar Münzen aus dem Bauchgurt gefallen, sowie ein blitzender Metallkegel vom Durchmesser eines Würfels. Vergebens mühte sich ein kleiner Junge, diesen Kegel aufzuheben. Ein Mann brachte es nur zur Not fertig, ihn in die Höhe zu stemmen. Ich hielt ihn während einiger Minuten auf der flachen Hand: ich erinnere mich, daß sein Gewicht unerträglich war und daß, nachdem ich den Kegel fortgenommen hatte, der Druck anhielt. Auch erinnere ich mich an den scharfgezogenen Kreis, den er mir ins Fleisch schnitt. Diese Wahrnehmung eines sehr kleinen, aber gleichzeitig ungeheuer schweren Gegenstandes hinterließ einen unangenehmen Eindruck von Ekel und Furcht. Ein Bauer schlug vor, wir sollten ihn in den reißenden Fluß werfen. Amorim erwarb ihn für ein paar Pesos. Niemand wußte etwas von dem Toten, außer daß er »von der Grenze« kam. Diese kleinen überschweren Kegel (gemacht aus einem Metall, das nicht von dieser Welt ist) sind in gewissen Religionen von Tlön ein Abbild der Göttlichkeit.

Hiermit schließe ich den persönlichen Teil meiner Erzählung ab. Alles andere hat Bestand im Gedächtnis (wenn nicht in der Hoffnung oder der Furcht) aller meiner Leser. Es mag genügen, wenn ich die nachfolgenden Ereignisse ins Gedächtnis zurückrufe oder erwähne, indem ich mich lediglich in Worten kurz fasse, die der Wölbungsraum allgemeiner Erinnerung bereichern oder erweitern mag. Gegen 1944 exhumierte ein Forscher der Zeitung »The American« (aus Nashville, Tennessee) in einer Bibliothek von Memphis die vierzig Bände der Ersten Enzyklopädie von Tlön. Bis auf den heutigen Tag wird darüber gestritten, ob diese Entdeckung zufällig war oder ob sie die Direktoren des immer noch nebelhaften *Orbis Tertius* zuließen. Die Wahrscheinlichkeit spricht für die zweite Annahme. Ein paar unglaubhafte Einzelheiten im Elften Band (so die Vervielfältigung der »hrönir«) sind in dem Exemplar von Memphis ausgeschieden oder abgeschwächt; der Schluß drängt sich auf, daß diese Tilgungen die Absicht verfolgen, eine Welt darzustellen, die mit der realen nicht allzu unvereinbar sein soll. Die Ausstreuung von Tlön-Objekten in verschiedenen Ländern sollte diesen Plan ergänzen.*

Tatsache ist, daß die internationale Presse kein Ende fand, den »Fund« auszuposaunen. Handbücher, Anthologien, Kurzfassungen, wortgetreue Abdrucke, autorisierte Neudrucke und Raubdrucke des größten Werkes der Menschheit überfluteten und überfluten noch immer die Erde. Fast im selben Augenblick gab die Wirklichkeit in mehr als einem Punkt nach, und zwar gelüstete es sie nachzugeben. Noch vor zehn Jahren reichte jede den Anschein von Ordnung erweckende Symmetrie – der dialektische Materialismus, der Antisemitismus, der Nazismus – völlig aus, die Menschen zu betören. Wie sollte man sich nicht Tlön unterwerfen, der minuziösen und umfassenden Einsicht in einen geordneten Planeten? Überflüssig zu erwidern, daß auch die Wirklichkeit geordnet ist. Mag sein, daß sie es ist, aber in Übereinstimmung mit göttlichen Gesetzen – normal gesagt: mit unmenschlichen Gesetzen –,

* Wobei das Problem der Materie einiger Gegenstände natürlich bestehen bleibt.

die niemals in unsere Wahrnehmung eingehen. Tlön mag ein Labyrinth sein, doch ist es ein von Menschen entworfenes Labyrinth, ein Labyrinth, dessen Entzifferung der Menschheit aufgegeben ist.

Die Berührung und der Umgang mit Tlön haben diese unsere Welt zersetzt. Bezaubert von seiner strengen Gesetzlichkeit, vergißt die Menschheit ein ums andere Mal, daß es eine Gesetzlichkeit von Schachspielern, nicht von Engeln ist. Schon ist das (erschlossene) »Uridiom« von Tlön in die Schulen eingedrungen; schon hat seine harmonische Geschichte (die so voll ist von bewegenden Episoden) die in meiner Jugend herrschende ausgelöscht; schon nimmt in den Memoiren eine fiktive Vergangenheit die Stelle einer anderen ein, von der wir mit Sicherheit nichts wissen – nicht einmal, ob sie falsch ist. Man hat die Numismatik, die Arzneikunde, die Archäologie reformiert. Ich halte für ausgemacht, daß die Biologie und die Mathematik ebenfalls ihrer erneuerten Gestalt harren ... Eine über die Welt verstreute Dynastie von Einsiedlern hat die Erdoberfläche umgewandelt. Ihre Aufgabe geht weiter. Wenn unsere Prognosen nicht irren, wird in hundert Jahren jemand die hundert Bände der Zweiten Enzyklopädie von Tlön entdecken.

Englisch, Französisch und sogar Spanisch werden dann vom Planeten verschwunden sein. Die Welt wird Tlön sein. Mich kümmert das nicht, ich feile in der stillen Muße des Hotels Adrogué weiter fort an einer tastenden, an Quevedo geschulten Übertragung des *Urn Burial* von Browne (die ich nicht drucken zu lassen gedenke).

Die kreisförmigen Ruinen

And if he left off dreaming about you …
Through the Looking-Glass, VI

Niemand sah ihn an Land gehen in der einmütigen Nacht. niemand sah das Bambuskanu in den heiligen Schlamm einsinken, doch ein paar Tage später war keiner, der nicht wußte, daß der schweigsame Mann aus dem Süden kam und daß seine Heimat eines der zahllosen Dörfer am oberen Flußlauf war, an der schroffen Flanke des Gebirges, wo die Zendsprache noch nicht mit Griechisch versetzt ist und wo die Lepra selten vorkommt. Sicher ist, daß der graue Mann den Schlamm küßte, sich am Ufer heraufzog, ohne die scharfen Blattklingen, die ihm die Haut zerfetzten (und die er wohl nicht einmal spürte), beiseite zu biegen, und daß er sich taumelnd und blutend bis zu dem kreisförmigen Gehege hinschleppte, das bekrönt ist von einem Tiger oder einem Pferd aus Stein, der ehemals feuerfarben war, heute jedoch aschfarben. Dieses Rund ist ein Tempel, den vorzeiten die Feuersbrünste verzehrt haben, den der Sumpfwald entweiht hat und dessen Gott von den Menschen keine Huldigung empfängt. Der Fremdling streckte sich am Fuß des Sockels aus. Die hochstehende Sonne weckte ihn. Er stellte ohne Erstaunen fest, daß die Wunden vernarbt waren; er schloß die blassen Augen und schlief, nicht aus Schwäche des Fleisches, sondern weil sein Wille es so gebot. Er wußte: dieser Tempel war der Ort, den sein unüberwindliches Vorhaben erheischte; er wußte, den rastlos wuchernden Bäumen war es noch nicht geglückt, die Ruinen eines anderen schützenden Tempels, der weiter stromabwärts lag, zu ersticken, wenngleich auch seine Götter verbrannt und gestorben waren; er wußte: seine nächste Aufgabe war zu schlafen. Gegen Mitternacht weckte ihn der untröstliche Schrei eines Vogels auf.

Spuren nackter Füße, ein paar Feigen und ein Krug belehrten ihn, daß die Einheimischen seinen Schlaf ehrfürchtig belauert hatten und ihn um Schutz angingen oder seinen Zauber fürchteten. Frierende Angst überkroch ihn; in der zerfallenen Mauer suchte er nach einer Grabnische und versteckte sich unter unbekanntem Laub.

Der Vorsatz, dem er nachstrebte, war nicht unmöglich, wenn auch übernatürlicher Art. Er wollte einen Menschen bis in die kleinste Einzelheit erträumen und ihn der Wirklichkeit aufzwingen. Dieses magische Vorhaben hatte allen Raum in seiner Seele verschlungen. Wenn jemand ihn nach seinem Namen oder nach irgendeinem Umstand seines früheren Lebens gefragt hätte, wäre er die Antwort schuldig geblieben. Der unbehauste, in Trümmern liegende Tempel kam ihm gelegen, weil er nur ein Minimum an sichtbarer Welt bedeutete; ebenso die Nachbarschaft der Bauern, weil diese für seine kärgliche Notdurft aufkamen. Reis und Früchte, die sie ihm als Tribut spendeten, waren ausreichende Kost für seinen Leib, der einzig der Aufgabe oblag, zu schlafen und zu träumen.

Im Anfang waren die Träume chaotisch; nicht lange, und sie wurden dialektischer Art. Der Fremdling träumte sich in den Mittelpunkt eines kreisförmigen Amphitheaters, das in gewisser Hinsicht der eingeäscherte Tempel war; ein Gewölk schweigsamer Jünger hielt die Stufen besetzt; die Gesichter der obersten schwebten in jahrhunderteferner, sternweiter Höhe, waren aber vollkommen deutlich. Der Mann hielt ihnen Vorlesungen in Anatomie, Kosmographie und Magie; die Gesichter lauschten gespannt und bemühten sich, verständig zu antworten, als ahnten sie die Bedeutung dieser Prüfung, die einen unter ihnen von seiner leeren Scheinhaftigkeit erlösen und in die wirkliche Welt einschalten sollte. Der Mann bedachte im Traum und im Wachen die Antworten seiner Phantasmen, ließ sich von den Scharlatanen nicht verblüffen, erriet in gewissen betroffenen Fragestellungen einen heranreifenden Verstand. Er war auf der Jagd nach einer Seele, die würdig sein sollte, am Weltall teilzuhaben.

Nach neun oder zehn Nächten sah er mit nicht geringer Bitterkeit ein, daß von jenem Teil seiner Jünger, die seine Lehre passiv hinnahmen, nichts zu erwarten sei, wohl aber von jenen, die sich hie und da mit einem vernünftigen Widerspruch hervorwagten. Die ersten, mochten sie auch Liebe und Zuneigung verdienen, konnten nicht zu Individuen aufsteigen, die anderen hatten an Dasein ein wenig mehr voraus. Eines Nachmittags (jetzt waren auch die Nachmittage dem Traum tributpflichtig, jetzt wachte er nur noch am Morgen ein paar Stunden) verabschiedete er für immer das ungeheure Wahnkolleg und blieb mit einem einzigen Schüler allein. Es war ein schweigsamer, gelbgesichtiger Jüngling, zuweilen aufsässig, mit scharfen Gesichtszügen, in denen sich die seines Träumers wiederfanden. Seine Niedergeschlagenheit über die jähe Beseitigung der Mitschüler währte nicht lange; die Fortschritte, die er nach ein paar Privatstunden machte, waren dazu angetan, den Lehrer in Erstaunen zu versetzen. Dennoch kam es zur Katastrophe. Eines Tages tauchte der Mann aus dem Schlaf wie aus einer schleimigen Einöde auf; er sah das eitle Licht des sinkenden Tages, das er im ersten Augenblick mit dem Aufgang des Morgens verwechselte, und plötzlich begriff er, daß er nicht geträumt hatte. Während dieser Nacht und am ganzen folgenden Tag brach die unerträgliche Hellsicht der Schlaflosigkeit über ihn herein. Er nahm sich vor, den Wald auszukundschaften, sich zu ermatten. Doch bekam er zwischen Schierling nur ein paar Fetzen dünnen Schlummers zu fassen, flüchtig geädert mit rohen Urvorstellungen, die zu nichts taugten. Er wollte das Kolleg aufs neue um sich versammeln. Doch hatte er kaum ein paar ermahnende Worte gesprochen, da verzerrte es sich und verschwamm. Bei seinem jetzt fast ständigen Wachsein verbrannten Tränen des Zorns die alten Augen.

Er begriff, daß die Aufgabe, den zusammenhanglosen

und schwindelnden Stoff, aus dem sich die Träume bilden, zu formen, die schwierigste ist, die ein Mann in Angriff nehmen kann, auch wenn er in alle Rätsel der höheren und niederen Ordnung eindringt; viel schwieriger, als aus Sand ein Seil zu flechten oder den antlitzlosen Wind in eine Münze zu prägen. Er begriff, daß ein Zusammenbruch am Anfang unvermeidlich war. Er schwor sich zu, die ungeheure Halluzination, die ihn zu Anfang vom Weg abgeführt hatte, zu vergessen, und sah sich nach einer neuen Arbeitsmethode um. Ehe er sie ausübte, widmete er einen Monat der Wiederherstellung seiner Kräfte, die der Fieberwahn vergeudet hatte. Er gab das vorsätzliche Träumen völlig auf und erreichte fast sofort, daß er einen ansehnlichen Teil des Tages schlafen konnte. Wenn er innerhalb dieser Zeit noch einmal träumte, gab er auf seine Träume nicht acht. Ehe er seine Aufgabe von neuem ergriff, wartete er, bis sich die Scheibe des Mondes vollkommen gerundet hatte. Darauf reinigte er sich am Abend in den Wassern des Flusses, betete zu den Sterngöttern, sprach die erlaubten Silben eines mächtigen Namens aus und schlief ein. Fast im gleichen Augenblick träumte er von einem schlagenden Herzen.

Er träumte es regsam, lebenswarm, geheim; es hatte die Größe einer geballten Faust und hing granatfarben im Dämmer eines menschlichen Leibes, der noch kein Gesicht, kein Geschlecht hatte; mit eindringlicher Liebe träumte er es während vierzehn heller Nächte. In jeder Nacht trat es ihm ein wenig deutlicher vor Augen. Er rührte es nicht an, er begnügte sich damit, es zu gewahren, zu beobachten, manchmal auch mit dem Blick zu berichtigen. Er nahm es wahr, erlebte es aus vielerlei Entfernungen und unter vielen Gesichtspunkten. In der vierzehnten Nacht streifte er mit dem Zeigefinger die Hauptschlagader und dann das ganze Herz, von außen und von innen. Er war mit der Untersuchung zufrieden. Wohlweislich träumte er eine ganze Nacht nicht; dann ergriff er von neuem das

Herz, rief den Namen eines Planeten an und begab sich an die Schau eines anderen der Hauptorgane. Ehe ein Jahr um war, hatte er es bis zum Skelett, den Augenlidern gebracht. Das unzählbare Haupthaar war wohl die schwierigste Aufgabe. Er träumte einen vollausgebildeten Menschen, einen Jüngling; doch richtete dieser sich weder auf, noch sprach er, noch konnte er die Augen öffnen. Nacht für Nacht träumte ihn der Mann schlafend.

In den gnostischen Kosmogonien kneten die Demiurgen einen rohen Adam, der nicht aufzustehen vermag; so ungeschickt und roh und elementar wie dieser Staubkloß Adam war der Traum-Adam, den die Nächte des Magiers zustande gebracht hatten. Eines Abends war der Mann nahe daran, sein Werk zu vernichten (am besten hätte er es vernichtet), doch tat es ihm darum leid. Nachdem er vergeblich zu allen Geistern der Erde und des Flusses gebetet hatte, warf er sich zu Füßen des göttlichen Standbildes nieder, das vielleicht ein Tiger, vielleicht ein Fohlen war, und erbat seinen unbekannten Beistand. In dieser Abenddämmerung träumte er von dem Standbild. Er träumte es lebendig, von Leben durchpulst; es war keine abscheuliche Kreuzung von Tiger und Pferd, sondern diese beiden ungestümen Geschöpfe zugleich, aber auch ein Stier, eine Rose, ein Sturm. Dieser vielfältige Gott offenbarte ihm, daß er auf Erden Feuer heiße, daß in diesem kreisförmigen Tempel (wie in anderen seiner Art) Opfer und Gottesdienste vor ihm dargebracht worden seien und daß er durch Zauber dem erträumten Phantasma Leben einhauchen wolle, so daß alle Geschöpfe – mit Ausnahme des Feuers selber und des Träumers – einen Menschen aus Fleisch und Bein in ihm erblicken sollten. Er befahl, daß er ihn nach Unterrichtung in den Riten zu dem anderen zertrümmerten Tempel schicken solle, dessen Pyramiden am unteren Flußlauf noch erhalten sind, damit in diesem verlassenen Bauwerk eine Stimme ihn verherrliche. Im Traum des Mannes, der träumte, erwachte der Geträumte zum Leben.

Der Magier befolgte diese Anordnungen. Eine bestimmte Frist, die sich schließlich auf zwei Jahre erstreckte, weihte er der Aufgabe, ihm die geheimen Kräfte des Weltalls und des Feuerkults zu entdecken. Insgeheim schmerzte es ihn, daß er sich von ihm trennen sollte. Unter dem Vorwand pädagogischer Notwendigkeit erweiterte er jeden Tag die dem Traum gewidmeten Stunden. Auch schuf er die rechte Schulter noch einmal, die vielleicht fehlerhaft war. Manchmal litt er unter dem Eindruck, all dies sei schon einmal geschehen ... Im ganzen waren seine Tage glücklich; wenn er die Augen schloß, dachte er: *Jetzt werde ich bei meinem Sohn sein.* Oder, wenn auch seltener: *der Sohn, den ich gezeugt habe, erwartet mich und wird nicht existieren, sofern ich nicht gehe.*

Stufenweise gewöhnte er ihn an die Wirklichkeit. Einmal trug er ihm auf, eine ferne Höhe zu beflaggen. Am nächsten Tag flammte das Banner auf dem Gipfel. Er brachte ihm andere, immer verwegenere Leistungen bei. Er begriff mit einer gewissen Bitternis, daß sein Sohn zum Geborenwerden fertig war – vielleicht darauf brannte. In dieser Nacht küßte er ihn zum erstenmal und schickte ihn zu dem anderen Tempel, dessen Trümmer stromabwärts bleichen, meilenweit jenseits undurchdringlicher Wälder und Sümpfe. Zuvor aber (damit er nie erführe, daß er ein Phantasma war und sich für einen Menschen gleich den anderen halten sollte) löschte er in seinem Gedächtnis jede Erinnerung an seine Lehrjahre.

Sein Sieg und sein Friede blieben jedoch von Überdruß getrübt. In der Dämmerung am Abend und am Morgen warf er sich vor der Steinfigur nieder, vielleicht mit dem Gedanken, daß sein unwirklicher Sohn in anderen kreisförmigen Ruinen, stromabwärts, dieselben Riten vollzog; nachts träumte er nicht oder träumte wie alle Menschen. Die Klänge und Formen der Welt nahm er mit einer gewissen Blässe wahr; der abwesende Sohn nährte sich von diesen Schmälerungen seiner Seelenkraft. Sein Lebensvorsatz war erfüllt; der Mann verharrte in einer Art Entrückung. Nach einer Zeit, die von gewissen Erzählern seiner Geschichte auf Jahre, von anderen auf Jahrzehnte geschätzt wird, weckten ihn um Mitternacht zwei Ruderer auf; er konnte ihre Gesichter nicht erkennen, doch sprachen sie zu ihm von einem zaubermächtigen Mann in einem Tempel im Norden, der die Kraft hätte, durchs Feuer zu gehen und nicht zu verbrennen. Der Magier gedachte jäh der Worte des Gottes. Er gedachte, daß von allen Geschöpfen auf dem Erdenrund das Feuer allein wußte, daß sein Sohn ein Phantasma war. Dieser Gedanke, der ihn zuerst beschwichtigte, wurde ihm schließlich zur Qual. Er befürchtete, sein Sohn könne über dieses ungewöhnliche Vorrecht nachsinnen und auf irgendeine Art seiner scheinhaften Beschaffenheit innewerden. Kein Mensch zu sein, nur die Traumausstrahlung eines anderen Menschen zu sein – welche Erniedrigung ohnegleichen, welch eine Bodenlosigkeit! Jeden Vater kümmern die Söhne, die er gezeugt (die er zugelassen hat) in bloßer Sinnverwirrung oder Glückseligkeit; es ist nur natürlich, daß der Magier um die Zukunft dieses Sohnes bangte, den er Glied um Glied und Zug um Zug in tausendundeiner geheimen Nacht erdacht hatte.

Seinem Schwanken wurde jäh ein Ende gesetzt, doch kündeten es einige Zeichen an. Zuerst (nach einer langen Dürre) eine ferne Wolke auf einem Bergzug, leicht wie ein Vogel; dann gegen Süden der Himmel, der sich rosa färbte wie die Lefzen des Leoparden; dann die aufkommenden Dünste, die das Metall der Nächte rostig beschlugen; danach die panische Flucht der Tiere. Denn es wiederholte sich, was vor vielen Jahrhunderten geschehen war. Die Ruinen des Heiligtums des Feuergottes wurden vom Feuer zerstört. An einem Morgen ohne Vögel sah der Magier den Flammenring immer enger gegen die Mauern vorrücken. Einen Augenblick kam ihm der Gedanke, sich ins Wasser zu flüchten, dann aber begriff er, daß der Tod kam, sein Alter zu krönen und ihn von seiner Mühsal zu erlösen. Er schritt auf die Feuerkreise zu; diese bissen nicht in sein Fleisch, diese liebkosten und überfluteten ihn ohne Hitze und Brand. Erleichtert, beschämt, entsetzt erkannte er, daß auch er nur ein Scheinbild war, daß ein anderer ihn träumte.

Die Bibliothek von Babel

By this art you may contemplate the variation of the 23 letters …

The Anatomy of Melancholy, part 2, sect. II, mem. IV.

Das Universum, das andere die Bibliothek nennen, setzt sich aus einer undefinierten, womöglich unendlichen Zahl sechseckiger Galerien zusammen, mit weiten Entlüftungsschächten in der Mitte, die mit sehr niedrigen Geländern eingefaßt sind. Von jedem Sechseck aus kann man die unteren und oberen Stockwerke sehen: grenzenlos. Die Anordnung der Galerien ist unwandelbar dieselbe. Zwanzig Bücherregale, fünf breite Regale auf jeder Seite, verdecken alle Seiten außer zweien: ihre Höhe, die sich mit der Höhe des Stockwerks deckt, übertrifft nur wenig die Größe eines normalen Bibliothekars. Eine der freien Wände öffnet sich auf einen schmalen Gang, der in eine andere Galerie, genau wie die erste, genau wie alle, einmündet. Links und rechts am Gang befinden sich zwei winzigkleine Kabinette. In dem einen kann man im Stehen schlafen, in dem anderen seine Notdurft verrichten. Hier führt die spiralförmige Treppe vorbei, die sich abgrundtief senkt und sich weit empor erhebt. In dem Gang ist ein Spiegel, der den äußeren Schein verdoppelt. Die Menschen schließen gewöhnlich aus diesem Spiegel, daß die Bibliothek nicht unendlich ist (wäre sie es in der Tat, wozu diese scheinhafte Verdoppelung?); ich gebe mich lieber dem träumerischen Gedanken hin, daß die polierten Oberflächen das Unendliche darstellen und verheißen … Licht spenden ein paar kugelförmige Früchte, die den Namen »Lampen« tragen. Es gibt deren zwei in jedem Sechseck, seitlich angebracht. Das Licht, das sie aussenden, ist unzureichend, unaufhörlich.

Wie alle Menschen der Bibliothek bin ich in meiner Jugend gereist; ich habe die Fahrt nach einem Buch angetreten, vielleicht dem Katalog der Kataloge; jetzt können meine Augen kaum mehr entziffern, was ich schreibe; ich bin im Begriff, nur ein paar Meilen von dem Sechseck, wo ich geboren ward, zu sterben. Wenn ich tot bin, wird es nicht an mitleidigen Händen fehlen, die mich über das Geländer werfen werden; mein Grab wird die unauslotbare Luft sein; mein Leib wird immer tiefer sinken und sich in dem von dem Sturz verursachten Fallwind zersetzen und auflösen. Ich behaupte, daß die Bibliothek kein Ende hat. Die Idealisten argumentieren, daß die sechseckigen Säle eine notwendige Form des absoluten Raums sind, oder zumindest unserer Anschauung vom Raum. Sie geben zu bedenken, daß ein dreieckiger oder fünfeckiger Saal unfaßbar ist. (Die Mystiker behaupten, daß die Ekstase ihnen ein kreisförmiges Gemach offenbart, mit einem kreisförmigen Buch, dessen Rücken rund um die Wand läuft; doch ist ihr Zeugnis verdächtig; ihre Worte sind dunkel; dieses zyklische Buch ist Gott.) Für jetzt mag es genügen, wenn ich den klassischen Spruch zitiere: *Die Bibliothek ist eine Kugel, deren eigentlicher Mittelpunkt jedes beliebige Sechseck ist und deren Umfang unzugänglich ist.*

Auf jede Wand jedes Sechsecks kommen fünf Regale; jedes Regal faßt zweiunddreißig Bücher gleichen Formats; jedes Buch besteht aus vierhundertzehn Seiten, jede Seite aus vierzig Zeilen, jede Zeile aus achtzig Buchstaben von schwarzer Farbe; Buchstaben finden sich auch auf dem Rücken jeden Buches; doch bezeichnen diese Buchstaben nicht, deuten auch nicht im voraus an, was die Seiten sagen werden. Ich weiß, daß dieser fehlende Zusammenhang zuweilen mysteriös angemutet hat. Bevor ich die Lösung, deren Entdeckung trotz ihrer tragischen Auswirkungen wohl der Hauptgegenstand der Geschichte ist, in gedrängter Form wiedergebe, will ich ein paar Axiome ins Gedächtnis zurückrufen.

Erstes Axiom: Die Bibliothek existiert *ab aeterno.* An dieser Wahrheit, aus der unmittelbar die künftige Ewigkeit der Welt folgt, kann kein denkender Verstand zweifeln. Der Mensch, der unvollkommene Bibliothekar, mag vom Zufall oder von den böswilligen Dämonen bewirkt sein; das Universum, so elegant ausgestattet mit Regalen, mit rätselhaften Bänden, mit unerschöpflichen Treppen für den umherwandernden und mit kleinen Stufen für den sitzenden Bibliothekar, kann nur durch einen Gott bewirkt sein. Um die Kluft, die zwischen dem Menschlichen und dem Göttlichen liegt, so recht zu ermessen, braucht man nur die zittrigen Zeichen, die meine hinfällige Hand auf den Einband eines Buches krakelt, mit den organischen Lettern im Inneren zu vergleichen: gestochen, feingeschwungen, tiefschwarz, unnachahmlich symmetrisch stehen sie da.

Zweites Axiom: Die Anzahl der orthographischen Symbole ist fünfundzwanzig.* Diese Feststellung ermöglichte es vor dreihundert Jahren, die allgemeine Theorie der Bibliothek in Worte zu fassen und das Problem, das keine Konjektur entschlüsselt hatte, befriedigend zu lösen: die formlose und chaotische Beschaffenheit nämlich fast aller Bücher. Eines, das mein Vater in einem Sechseck des Umgangs fünfzehnhundertvierundneunzig erblickte, bestand aus den Buchstaben M C V, die sinnlos von der ersten bis zur letzten Seite wiederkehrten. Ein anderes (das in dieser Zone sehr gefragt war) ist ein reines Buchstabenlabyrinth, aber auf der vorletzten Seite steht: O *Zeit, deine Pyramiden.* Man ersieht hieraus: auf eine einzige verständliche Zeile oder eine richtige Bemerkung entfallen Meilen sinnloser Kakophonien, sprachlichen Kauderwelschs, zusammenhanglosen Zeugs. (Ich weiß von einer wilden Re-

* Das Originalmanuskript enthält weder Kursivschrift noch Majuskeln. Die Interpunktion ist auf Komma und Punkt beschränkt worden. Diese beiden Zeichen, der Raum und die dreiundzwanzig Buchstaben des Alphabets, sind die 25 ausreichenden Symbole, die der Unbekannte aufzählt.

gion, in der die Bibliothekare die abergläubische und eitle Jagd nach dem Sinn in Büchern verschmähen und die Lektüre auf die gleiche Stufe mit Traumdeuterei und Handlesekunst stellen ... Sie geben zwar zu, daß die Erfinder der Schrift die fünfundzwanzig Natursymbole nachgeahmt haben; sie behaupten jedoch, daß diese Anwendung zufällig sei und die Bücher an sich nichts bedeuteten. Diese Anschauung geht, wie man sehen wird, nicht völlig fehl.)

Lange Zeit hindurch war man des Glaubens, daß diese undurchdringlichen Bücher in vergangenen oder fernabliegenden Sprachen ihre Entsprechung hätten. Allerdings haben die frühesten Menschen, die ersten Bibliothekare, eine von der heute gesprochenen recht verschiedene Sprache benutzt; richtig ist auch, daß ein paar Meilen weiter nach rechts die Sprache mundartlich und daß sie neunzig Stockwerke höher unverständlich ist. All das, ich wiederhole, ist richtig, aber vierhundertundzehn Seiten, auf denen unwandelbar M C V wiederkehrt, können mit keiner auch noch so mundartlichen oder unentwickelten Sprache in Zusammenhang stehen. Einige wollten wissen, daß jeder Buchstabe auf den nächstfolgenden Einfluß nehme und daß der Stellenwert von M C V in der dritten Zeile auf Seite 71 nicht der ist, den dieselbe Buchstabenreihe in anderer Stellung auf einer anderen Seite haben kann; aber diese vage These fruchtete nicht. Andere dachten an Kryptogramme; diese Deutung hat sich allgemein durchgesetzt, wenn auch nicht in der Bedeutung, wie ihre Erfinder sie verstanden.

Vor fünfhundert Jahren stieß der Chef eines höheren Sechsecks* auf ein Buch, das so verworren war wie die anderen, das jedoch fast zwei Bogen gleichartiger Zeilen auf-

* Ursprünglich kam auf je drei Sechsecke ein Mann. Fälle von Selbstmord und Lungenkrankheit haben diese Proportion zerstört. Unsagbar schwermütige Erinnerung: manchmal bin ich nächtelang über blanke Gänge und Treppen geirrt, ohne einen einzigen Bibliothekar zu finden.

wies. Er zeigte seinen Fund einem ambulanten Entzifferer, der zu ihm sagte, sie seien auf Portugiesisch abgefaßt; andere sagten dagegen, auf Jiddisch; bevor ein Jahrhundert um war, konnte die Sprachform bestimmt werden: es handelte sich um einen samojedisch-litauischen Dialekt mit einem Einschlag von klassischem Arabisch. Auch der Inhalt wurde entschlüsselt: es waren Begriffe der kombinatorischen Analysis, dargestellt an Beispielen sich unbegrenzt wiederholender Variationen. Diese Beispiele setzten einen genialen Bibliothekar instand, das Fundamentalgesetz der Bibliothek zu entdecken. Und zwar stellte dieser Denker fest, daß sämtliche Bücher, wie verschieden sie auch sein mögen, aus den gleichen Elementen bestehen: dem Raum, dem Punkt, dem Komma, den zweiundzwanzig Lettern des Alphabets. Auch führte er einen Umstand an, den alle Reisenden bestätigt haben: *In der ungeheuer weiträumigen Bibliothek gibt es nicht zwei identische Bücher.* Aus diesen unwiderleglichen Prämissen folgerte er, daß die Bibliothek total ist und daß ihre Regale alle irgend möglichen Kombinationen der zwanzig und soviel orthographischen Zeichen (deren Zahl, wenn auch außerordentlich groß, nicht unendlich ist) verzeichnen, mithin alles, was sich irgend ausdrücken läßt: in sämtlichen Sprachen.

Alles: die bis ins einzelne gehende Geschichte der Zukunft, die Autobiographien der Erzengel, den getreuen Katalog der Bibliothek, Tausende und Abertausende falscher Kataloge, den Nachweis ihrer Falschheit, den Nachweis der Falschheit des echten Katalogs, das gnostische Evangelium von Basilides, den Kommentar zu diesem Evangelium, den Kommentar zum Kommentar dieses Evangeliums, die wahrheitsgetreue Darstellung deines Todes, die Übertragung jeden Buches in sämtliche Sprachen, die Interpolationen jeden Buches in allen Büchern.

Als verkündet wurde, daß die Bibliothek alle Bücher umfasse, war der erste Eindruck ein überwältigendes Glücksgefühl. Alle Menschen wußten sich Herren über einen unversehrten und geheimen Schatz. Es gab kein persönliches, kein Weltproblem, dessen beredte Lösung nicht existierte: in irgendeinem Sechseck. Das Universum war gerechtfertigt, das Universum bemächtigte sich mit einem Schlag der schrankenlosen Dimensionen der Hoffnung. In dieser Zeit war viel die Rede von »Rechtfertigungen«: apologetische und prophetische Bücher rechtfertigten für immer die Taten jedes Menschen auf Erden, hüteten wundersame Arcana für seine Zukunft. Tausende, die es nach Rechtfertigung gelüstete, verließen ihr trautes Heimatsechseck und jagten die Treppen empor, von dem eitlen Vorsatz getrieben, Rechtfertigung zu finden.

Diese Pilger disputierten in den engen Gängen, stießen dunkle Verwünschungen aus, erwürgten sich auf den göttlichen Stiegen, schleuderten die gleisnerischen Bücher auf den Grund der Tunnels, starben, hinabgestürzt von den Menschen weit entlegener Regionen. Andere wurden wahnsinnig ... Die Rechtfertigungen existieren: ich habe zwei gesehen, die sich auf künftige Personen, auf womöglich nicht bloß imaginäre Personen beziehen, aber die Sucher bedachten nicht, daß die Chance, daß ein Mensch die seine oder eine schnöde Spielart der seinen findet, gleich Null ist.

Auch erhoffte man sich Aufschluß über die Grundgeheimnisse der Menschheit: den Ursprung der Bibliothek und der Zeit. Wahrscheinlich lassen sich diese gewichtigen Mysterien in Worten erläutern; wenn die Sprache der Philosophen nicht ausreicht, mag die Bibliothek die unerhörte Sprache, die dazu erforderlich ist, hervorgebracht haben, sowie die Wörterbücher und Grammatiken dieser Sprache. Schon vier Jahrhunderte lang durchstöbern die Menschen vergeblich die Sechsecke ... Es gibt amtliche Sucher, *Inquisitoren.* Ich habe gesehen, wie sie ihres Amtes walteten: sie machen immer einen strapazierten Eindruck, sie sprechen von einer Treppe ohne Stufen, die sie um ein Haar getötet hätte; sie sprechen von Galerien und Treppen mit dem Bibliothekar; manchmal greifen sie nach dem Buch, das ihnen am nächsten zur Hand ist, und blättern darin auf der Suche nach ruchlosen Wörtern. Offensichtlich hofft niemand, irgend etwas zu entdecken.

Auf die überschwengliche Hoffnung folgte ganz natürlich übermäßige Verzagtheit. Die Gewißheit, daß irgendein Regal in irgendeinem Sechseck kostbare Bücher berge, daß aber diese Bücher unzugänglich seien, erschien nahezu unerträglich. Eine Lästerersekte schlug vor, man solle die Suche einstellen, alle Menschen sollten Buchstaben und Zeichen so lange durcheinanderwürfeln, bis sie auf Grund eines unwahrscheinlichen Zufalls diese kanonischen Bücher zusammenbrächten. Die Behörden sahen sich gezwungen, strenge Anordnungen zu erlassen. Die Sekte verschwand, aber in meiner Kindheit sah ich alte Männer, die lange auf dem Abtritt verweilten, mit ein paar Metallscheiben in einem verbotenen Würfelbecher, kraftlos bemüht, der göttlichen Unordnung zu steuern.

Andere waren umgekehrt der Meinung, zuallererst müßten die überflüssigen Bücher ausgemerzt werden. Sie brachen in die Sechsecke ein, zeigten nicht immer falsche Beglaubigungsschreiben vor, blätterten verdrossen in einem Band und verdammten ganze Regale. Ihr hygienischer Asketeneifer trägt die Schuld daran, daß Millionen Bücher sinnlos vernichtet wurden. Heute sind ihre Namen ein Greuel; wer aber die Thesauri beklagt, die ihrer Wut zum Opfer fielen, übersieht zwei allbekannte Tatsachen; die eine: die Bibliothek ist so gewaltig an Umfang, daß jede Schmälerung durch Menschenhand verschwindend gering ist. Die andere: jedes Exemplar ist zwar einzig, unersetzlich, aber da die Bibliothek total ist, gibt es immer einige Hunderttausende unvollkommener Faksimiles, und zwar von Werken, die nur in einem Buchstaben oder Komma voneinander abweichen. Entgegen der allgemeinen Anschauung wage ich die Vermutung, daß die Folgen der von diesen Säuberern verübten Plünderungen wegen des Entsetzens über diese Fanatiker zu hoch eingeschätzt worden sind. Sie waren von dem Wahn getrieben, die Bücher des Scharlachroten Sechsecks zu erobern: Bücher kleineren Formats als die natürlichen: allmächtig, erlaucht und magisch.

Auch wissen wir von einem anderen Aberglauben jener Zeit: dem an den *Mann des Buches.* In irgendeinem Regal irgendeines Sechsecks (so dachten die Menschen) muß es ein Buch geben, das Inbegriff und Auszug *aller* ist: ein Bibliothekar hat es geprüft und ist Gott ähnlich. In der Sprache dieser Zone haben sich noch Spuren des jenem zeitentfernten Beamten geweihten Kults erhalten. Viele begaben sich auf Pilgerschaft nach ihm. Ein Jahrhundert lang schlugen sie umsonst die verschiedensten Richtungen ein. Wie sollte man auch das verehrte Geheim-Sechseck orten, das ihn beherbergte? Jemand schlug eine regressive Methode vor: um das Buch A zu lokalisieren, muß man zuvor ein Buch B heranziehen, das den Ort von A angibt; um das Buch B zu lokalisieren, muß man zuvor ein Buch C und so ins Unendliche ... Mit dergleichen Abenteuern habe ich meine Jahre verschleudert und verzehrt. Ich halte es nicht für unwahrscheinlich, daß es in irgendeinem Regal des Universums ein totales Buch gibt*, ich flehe zu den unerkannten Göttern, es möge einen Menschen geben – einen einzigen, und habe er vor tausend Jahren gelebt –, der es untersucht und gelesen hat. Wenn Ehre, Weisheit und Glück nicht für mich sind, mögen sie es für andere sein. Möge der Himmel existieren, auch wenn mein Ort die Hölle ist. Mag ich beschimpft und zunichte werden, aber möge in einem Augenblick, in einem Sein Deine ungeheure Bibliothek ihre Rechtfertigung finden.

* Ich wiederhole: die bloße Möglichkeit eines Buches ist hinreichend für sein Dasein. Nur das Unmögliche ist ausgeschlossen. Zum Beispiel: kein Buch ist zugleich eine Treppe, obwohl es bestimmt Bücher gibt, die diese Möglichkeit erörtern, leugnen oder beweisen, und andere, deren Struktur einer Treppe entspricht.

Die Pietätlosen behaupten, daß in der Bibliothek der Unsinn an der Tagesordnung ist und daß das Vernunftgemäße (ja selbst das schlicht und recht Zusammenhängende) eine fast wundersame Ausnahme bildet. Sie sprechen (ich weiß es) von der »fiebernden Bibliothek«, deren Zufallsbände ständig in Gefahr schweben, sich in andere zu verwandeln, und alles behaupten, leugnen und durcheinanderwerfen wie eine delirierende Gottheit. Diese Worte, die nicht nur die Unordnung entlarven, sondern sie mit einem Beispiel belegen, liefern einen notorischen Beweis ihres grundschlechten Geschmacks und ihrer verzweifelten Unwissenheit. In der Tat birgt die Bibliothek alle Wortstrukturen, alle im Rahmen der fünfundzwanzig orthographischen Symbole möglichen Variationen, aber nicht *einen* absoluten Unsinn. Es erübrigt sich zu bemerken, daß der beste Band der vielen Sechsecke, die ich verwalte, *Gekämmter Donner* betitelt ist, und ein anderer *Gipskrampf* und wieder ein anderer *Axaxas Mlö.* Diese auf den ersten Blick unzusammenhängenden Wortfügungen entbehren gewiß nicht einer kryptographischen oder allegorischen Rechtfertigung; diese Rechtfertigung verbaler Art figuriert – *ex hypothesi* – bereits in der Bibliothek. Ich kann nicht etliche Schriftzeichen kombinieren

d h c m r l c h t d j,

die nicht die göttliche Bibliothek bereits vorausgesehen hat und die in irgendeiner ihrer Geheimsprachen einen furchtbaren Sinn bergen. Niemand vermag eine Silbe zu artikulieren, die nicht voller Zärtlichkeiten und Schauer ist, die nicht in irgendeiner dieser Sprachen der gewaltige Name eines Gottes ist. Sprechen heißt in Tautologien verfallen. Diese überflüssige und wortreiche Epistel existiert bereits in einem der dreißig Bände der fünf Regale eines der unzähligen Sechsecke – und auch ihre Widerlegung. Eine Zahl möglicher Sprachen verwendet den gleichen

Wortschatz: in einigen läßt das Symbol *Bibliothek* die korrekte Definition zu: *überall vorhandenes und fortdauerndes System sechseckiger Galerien*, aber *Bibliothek* ist *Brot* oder *Pyramide* oder irgend etwas anderes, und die sieben Wörter, die sie definieren, haben einen anderen Bedeutungswert. Bist du, Leser, denn sicher, daß du meine Sprache verstehst?

Die methodische Schrift zieht mich von der gegenwärtigen Verfassung der Menschen ab. Die Gewißheit, daß alles geschrieben ist, macht uns zunichte oder zu Phantasmen. Ich kenne Bezirke, in denen die Jungen sich vor den Büchern niederwerfen und mit ungezügelter Wildheit die Seiten küssen, aber nicht einen Buchstaben verstehen. Die Epidemien, die ketzerischen Zwistigkeiten, die Pilgerzüge, die unvermeidlich in Freibeuterei ausarten, haben die Bevölkerung dezimiert. Ich glaube, ich sprach schon von den Selbstmorden, die jedes Jahr häufiger werden. Vielleicht spielen mir Alter und Ängstlichkeit einen Streich: aber ich hege die Vermutung, daß die Menschenart – die einzige, die es gibt – im Aussterben begriffen ist und daß die Bibliothek fortdauern wird: erleuchtet, einsam, unendlich, vollkommen, unbeweglich, gewappnet mit kostbaren Bänden, überflüssig, unverweslich, geheim.

Ich schrieb: *unendlich.* Nicht aus rhetorischer Gewohnheit ist mir dieses Adjektiv in die Feder geflossen; ich sage, es ist nicht unlogisch zu denken, daß die Welt unendlich ist. Wer sie für begrenzt hält, postuliert, daß an weit entfernten Orten die Gänge und Treppen und Sechsecke auf unfaßliche Art aufhören, was absurd ist. Wer sie für schrankenlos hält, der vergißt, daß die mögliche Zahl der Bücher Schranken setzt. Ich bin so kühn, die folgende Lösung des alten Problems zu bedenken zu geben: *Die Bibliothek ist schrankenlos und periodisch.* Wenn ein ewiger Wanderer sie in irgendeiner beliebigen Richtung durchmessen würde, so würde er nach Ablauf einiger Jahrhunderte feststellen, daß dieselben Bände in derselben Unordnung wiederkehren (die, wiederholt, eine Ordnung wäre, der *Ordo*). Meine Einsamkeit gefällt sich in dieser eleganten Hoffnung*.

1941, *Mar del Plata*

* Letizia Alvarez de Toledo hat angemerkt, daß die ungeheure Bibliothek überflüssig ist; strenggenommen würde ein einziger Band gewöhnlichen Formats, gedruckt in Corpus neun oder zehn, genügen, wenn er aus einer unendlichen Zahl unendlich dünner Blätter bestände. (Cavalieri sagt zu Anfang des 18. Jahrhunderts, daß jeder feste Körper die Überlagerung einer unendlichen Zahl von Schichten ist.) Die Handhabung eines derart seidendünnen Vademecums wäre nicht leicht; jedes anscheinende Einzelblatt würde sich in andere gleichgeartete zweiteilen; das unbegreifliche Blatt in der Mitte hätte keine Rückseite.

Der Süden

Der Mann, der im Jahr 1871 in Buenos Aires an Land ging, hieß Johannes Dahlmann und war Pfarrer der Evangelischen Kirche; im Jahr 1939 war einer seiner Enkel, Juan Dahlmann, Sekretär an einer Städtischen Bibliothek in der Straße Córdoba und fühlte sich zutiefst als Argentinier. Sein Großvater mütterlicherseits war jener Francisco Flores vom 2. Linieninfanterieregiment gewesen, der an der Grenze der Provinz Buenos Aires durch Lanzen der Catriel-Indianer gefallen war. Im Widerstreit seiner beiden verschiedenen Abstammungen entschied sich Juan Dahlmann (vielleicht unter dem Einfluß seines deutschen Blutes) für die Linie dieses romantischen Vorfahren mit seinem romantischen Tod. Ein Lederetui mit dem Daguerreotyp eines unpersönlich dreinblickenden bärtigen Mannes, ein alter Degen, der Schwung und die Herzhaftigkeit gewisser Musikstücke –, der ständige Umgang mit den Versen des *Martin Fierro*[1], die Jahre, die Enttäuschungen und die Einsamkeit verstärkten seinen »criollismo«, sein Bedürfnis, sich als eingeborener Argentinier zu fühlen, das er zwar bewußt pflegte, aber nie übertrieben zur Schau trug. Um den Preis einiger Entbehrungen war es Dahlmann gelungen, sich das Kernstück einer Estancia im Süden zu erhalten, die den Flores gehört hatte. Zu seinen Erinnerungs-Gewohnheiten gehörte das Bild der balsamisch duftenden Eukalyptusbäume und des langgestreckten rosafarbenen Hauses, das einmal karmesinrot gewesen war. Seine Arbeit und vielleicht auch eine gewisse Trägheit hielten ihn in der Stadt fest. Sommer auf Sommer begnügte er sich mit der abstrakten Vorstellung des Besitzes und mit

1 *Martín Fierro*, berühmtes argentinisches Versepos von José Hernandez aus der 2. Hälfte des 19. Jahrhunderts, das die Welt und die Lebensweisheit (um nicht zu sagen: Philosophie) des argentinischen Gaucho zum Thema hat.

der Gewißheit, daß dort an einer bestimmten Stelle der weiten Ebene sein Haus auf ihn wartete.

In den letzten Februartagen 1939 stieß ihm etwas zu.

Blind für wirkliche Schuld, kann das Schicksal doch unbarmherzig gegen die kleinsten Unachtsamkeiten sein. Dahlmann hatte an diesem Abend ein unvollständiges Exemplar von »Tausendundeine Nacht« von Weil aufgetrieben; begierig, diesen Fund zu betrachten, wartete er nicht, bis der Fahrstuhl herunterkam, sondern lief eilig die Treppe hinauf. In der Dunkelheit streifte etwas seine Stirn – eine Fledermaus, ein Vogel? Im Gesicht der Frau, die ihm die Tür öffnete, stand Entsetzen geschrieben, und die Hand, mit der er sich über die Stirn strich, färbte sich rot von Blut. Die Kante eines frischgestrichenen Fensterflügels, den jemand zu schließen vergessen hatte, war schuld an dieser Wunde. Es gelang Dahlmann einzuschlafen; aber gegen Morgen wurde er wach, und von diesem Augenblick an bekamen alle Dinge einen abscheulichen Geschmack. Das Fieber verzehrte ihn, und die Illustrationen von »Tausendundeine Nacht« waren dazu angetan, Angstträume auszuschmücken. Freunde und Verwandte besuchten ihn und versicherten ihm mit übertriebenem Lächeln, daß er sehr gut aussehe. Dahlmann hörte sie mit einer Art von mattem Erstaunen an und wunderte sich, daß sie nicht wußten, daß er in der Hölle war. Acht Tage vergingen wie acht Jahrhunderte. Eines Nachmittags erschien sein gewohnter Arzt mit einem neuen Arzt, und sie brachten ihn in ein Sanatorium in der Straße Ecuador, weil sich eine Röntgenaufnahme als unumgänglich erwiesen hatte. In der Mietdroschke, die sie dorthin brachte, dachte Dahlmann, daß er in einem Zimmer, das nicht sein Zuhause wäre, endlich werde schlafen können. Er fühlte sich glücklich und gesprächig. Kaum angekommen, entkleidete man ihn, schor ihm den Kopf, schnallte ihn auf einer Bahre fest, durchleuchtete ihn bis zum Blindwerden und bis zur Übelkeit, untersuchte ihn –, und ein maskierter Mann stieß ihm eine Nadel in den Arm. Er wachte mit Brechreiz auf, fest verbunden und in einer Zelle, die etwas von einem Brunnenschacht hatte; in den Tagen und Nächten, die auf die Operation folgten, mußte er erkennen, daß er bis dahin kaum im Vorhof der Hölle gewesen war. Das Eis ließ in seinem Mund nicht die leiseste Spur von Erfrischung zurück. In diesen Tagen begann Dahlmann, sich Stück für Stück zu hassen; er haßte sein Selbst, seine körperlichen Bedürfnisse, seine Erniedrigung, den Bart, der sein Gesicht stachelig machte. Mit stoischem Gleichmut ertrug er die Behandlungen, die sehr schmerzhaft waren; aber als der Chirurg ihm sagte, daß er beinahe an einer Sepsis gestorben sei, brach Dahlmann in Tränen aus, nur aus Mitleid mit seinem Geschick. Das körperliche Elend und das unablässige Gefaßtsein auf schlimme Nächte hatten ihn an so etwas Abstraktes wie den Tod nicht denken lassen. Am nächsten Tag sagte ihm der Chirurg, daß er auf dem Weg der Besserung sei und daß er sehr bald zur Erholung auf die Estancia werde gehen können. Wider alles Erwarten kam der versprochene Tag heran.

Die Wirklichkeit liebt die Symmetrien und die leichten Anachronismen; Dahlmann war in einer Mietdroschke ins Sanatorium gekommen, und jetzt brachte ihn eine Mietdroschke zur Bahnstation Constitución. Die erste herbstliche Kühle nach der drückenden Luft des Sommers war gleichsam ein Sinnbild seines Schicksals, das ihn von Fieber und Tod losgesprochen hatte. Die Stadt hatte um 7 Uhr früh noch nicht das Aussehen eines alten Hauses eingebüßt, das ihr die Nacht zu geben pflegt; die Straßen waren wie lange Gänge, die Plätze wie Höfe. Dahlmann erkannte sie mit einem Gefühl von Glück und anfänglichem Schwindel wieder; Sekunden bevor seine Augen sie entdeckten, erinnerte er sich an die Straßenkreuzungen, die Anschlagsäulen, an die bescheidenen Unterschiede im Stadtbild von Buenos Aires. Im gelben Licht des neuen Tages kamen alle Dinge zu ihm zurück.

Jedermann weiß, daß der »Süden« jenseits der Straße Rivadavia[2] beginnt. Dahlmann pflegte zu sagen, daß das keine bloße Redensart ist –, daß wer diese Straße überquert, eine ältere und gefestigtere Welt betritt. Vom Wagen aus suchte er zwischen den Neubauten das alte Gitterfenster, den Türklopfer, den Türbogen, den Gang und den Innenhof.

In der Bahnhofshalle merkte er, daß noch 30 Minuten Zeit waren. Er erinnerte sich plötzlich, daß es in einem Café in der Straße Brasil (wenige Schritte vom Hause Irigoyens[3] entfernt) einen riesigen Kater gab, der sich wie eine Gottheit verächtlich von den Leuten liebkosen ließ. Er ging hinein. Da lag der Kater, schlafend. Er bestellte eine Tasse Kaffee, süßte sie langsam, kostete (dieser Genuß war ihm im Sanatorium untersagt gewesen) und dachte, während er das schwarze Fell streichelte, daß diese Berührung eitel war und daß sie wie durch eine Glaswand voneinander getrennt waren; denn der Mensch lebt in der Zeit, im Ablauf der Dinge – und das zauberische Tier in der Gegenwart, in der Ewigkeit des Augenblicks.

Am vorletzten Bahnsteig wartete der Zug. Dahlmann ging durch die Wagen und fand einen, der fast leer war. Er verstaute den Handkoffer im Netz; als die Wagen sich in Bewegung setzten, machte er ihn auf und holte, nach einigem Zögern, den ersten Band von »Tausendundeine Nacht« heraus. Mit diesem Buch zu reisen, das so eng mit der Geschichte seines Mißgeschicks verknüpft war, war soviel wie eine Bestätigung, daß dieses Mißgeschick behoben war, und eine heitere und geheime Herausforderung an die gescheiterten Mächte des Bösen.

Zu beiden Seiten des Zuges löste die Stadt sich in Vororte auf; dieser Anblick und weiterhin der der Gärten und

2 Rivadavia: kilometerlange Straße, die das alte Zentrum von Buenos Aires in zwei Hälften teilt.

3 Hipolito Irigoyen, Präsident Argentiniens von 1916 bis 1922 und von 1928 bis 1930, als Politiker vielumstrittene Persönlichkeit.

Landhäuser zögerten den Beginn der Lektüre hinaus. In Wahrheit las Dahlmann überhaupt nur wenig; der Magnetberg und der Geist, der geschworen hat, seinen Wohltäter zu töten, waren wunderbar – wer könnte das bezweifeln –, aber nicht viel wunderbarer als der Morgen und die Tatsache, dazusein. Das Glücksgefühl lenkte ihn von Scheherezade und ihren überflüssigen Wundern ab; Dahlmann schloß das Buch und überließ sich einfach dem Leben.

Das Mittagessen (bei dem die Fleischbrühe in glänzenden Metallschalen serviert wurde, wie in längst vergangenen Sommerfrischen seiner Kindheit) war ein neuer, mit Ruhe und Dankbarkeit hingenommener Genuß.

Morgen werde ich auf der Estancia aufwachen, dachte er, und es war, als sei er zur selben Zeit zwei Menschen: einer, der durch den Herbsttag, durch die heimatliche Landschaft dahinfuhr – der andere in einem Sanatorium eingesperrt und planmäßiger Knechtschaft unterworfen. Er sah ungetünchte Backsteinhäuser, langgestreckt und mit vielen Ecken, die ohne Ende nach den vorbeifahrenden Zügen ausschauten; er sah Reiter auf den Erdstraßen; sah Gräben und Lagunen und Vieh; sah breite, leuchtende Wolken, die wie aus Marmor schienen – und all diese Dinge waren zufällig, gleichsam wie Träume der weiten Ebene. Er glaubte auch Bäume und Saaten wiederzuerkennen, die er nicht hätte nennen können, da seine wirkliche, unmittelbare Kenntnis des Landes erheblich geringer war als seine sehnsüchtigen und literarisch gefärbten Kenntnisse.

Manchmal schlief er, und in seinen Träumen war das Vorwärtsdrängen des Zuges. Die unerträglich weiß glänzende Sonne des Mittags hatte sich in die goldgelbe Sonne verwandelt, die der Abenddämmerung vorausgeht, und bald würde sie rot sein. Auch der Wagen war ein anderer geworden, es war nicht mehr derselbe Wagen, der den Bahnsteig in Constitución verlassen hatte: die Ebene und die Stunden waren durch ihn hingegangen und hatten ihn verwandelt. Draußen verlängerte der bewegliche Schatten des Wagens sich bis zum Horizont hin. Die unbebaute Erde störten weder Ortschaften noch sonstige Spuren von Menschen. Alles war weit, aber zur selben Zeit war es vertraut und, auf irgendeine Weise, geheim. Auf der ungeheuren Fläche war manchmal nichts zu sehen als nur ein Stier. Die Einsamkeit war vollkommen, vielleicht feindlich, und Dahlmann konnte sich einbilden, er fahre in die Vergangenheit, nicht bloß in den Süden. Aus dieser phantastischen Vorstellung riß ihn der Schaffner, der, als er seine Fahrkarte sah, ihn darauf aufmerksam machte, daß der Zug nicht auf der gewohnten Station halten werde, sondern auf einer anderen, etwas früheren, die Dahlmann kaum kannte. (Der Mann fügte eine Erklärung hinzu, die Dahlmann gar nicht zu verstehen, ja nicht einmal zu hören versuchte, da der Mechanismus der Ereignisse ihm nicht wichtig war.)

Der Zug hielt mühsam, fast mitten auf freiem Feld. Auf der anderen Seite der Gleise lag die Station, die wenig mehr als ein überdachter Bahnsteig war. Es gab kein Fahrzeug, aber der Stationsvorsteher meinte, er könne vielleicht eines in dem Laden, den er ihm angab, bekommen, etwa 1000 Meter weiter weg.

Dahlmann akzeptierte den Spaziergang wie ein kleines Abenteuer. Die Sonne war schon untergegangen, aber ein letzter Glanz ließ die lebendige, schweigende Ebene aufleuchten, bevor die Nacht sie auslöschte. Weniger um sich nicht zu ermüden, als um all dies andauern zu lassen, ging Dahlmann langsam und atmete in feierlichem Glücksgefühl den Geruch des Klees ein.

Das Almacén[4] war früher einmal hochrot angestrichen gewesen, aber die Jahre hatten die grelle Farbe vorteilhaft gedämpft. Etwas in seiner armseligen Architektur erinnerte ihn an einen Stahlstich, vielleicht aus einer alten Ausgabe von »Paul et Virginie«. An den Pfosten davor waren ein

4 Almacén: auf dem Land in Argentinien eine Mischung von Kolonialwarengeschäft und Wirtshaus.

paar Pferde angebunden. Drinnen glaubte Dahlmann den Wirt zu erkennen; aber dann merkte er, daß ihn seine Ähnlichkeit mit einem der Angestellten des Sanatoriums getäuscht hatte. Der Mann hörte sich den Fall an und sagte, er werde ihm den Wagen anspannen lassen; um diesem Tag noch ein weiteres Ereignis hinzuzufügen und um die Zeit auszufüllen, beschloß Dahlmann, im Almacén zu essen.

An einem Tisch aßen und tranken lärmend ein paar kräftige Burschen, um die Dahlmann sich anfangs nicht kümmerte. Auf dem Boden, gegen den Schanktisch gelehnt, hockte unbeweglich, als sei er bloß ein Ding, ein sehr alter Mann. Die Jahre hatten ihn vermindert und abgeschliffen, wie Wasser einen Stein oder wie Generationen von Menschen ein Sprichwort. Er war dunkel, klein und ausgemergelt, schien gleichsam außerhalb der Zeit, in einer Ewigkeit, zu existieren. Dahlmann bemerkte mit Befriedigung die Kopfbinde, den Flanell-Poncho, den Chiripá und die Stiefel aus Fohlenleder[5]; er erinnerte sich an fruchtlose Diskussionen mit Leuten aus dem Norden oder der Provinz Entrerios und sagte sich wieder einmal, daß es Gauchos wie diesen eben nur noch im Süden gibt.

Dahlmann machte es sich beim Fenster bequem. Die Dunkelheit verschluckte allmählich das Land draußen, aber sein Geruch und seine Geräusche drangen auch jetzt noch durch die Fenstergitter bis zu ihm hin. Der Wirt brachte ihm Sardinen und dann am Rost gebratenes Fleisch; Dahlmann spülte es mit ein paar Glas Rotwein hinunter. Müßig kostete er den herben Geschmack und ließ seinen schon etwas schläfrigen Blick durch den Raum schweifen. Die Petroleumlampe hing von einem der Balken herunter; die Gäste am anderen Tisch waren zu dritt: zwei sahen wie Peones von einer Farm aus – der dritte, mit

5 Die Kopfbinde (»vincha«), der Poncho, der Chiripá (ein hosenartiges Kleidungsstück) und die Stiefel aus Fohlenleder gehören zum althergebrachten Anzug des argentinischen Gaucho.

einem stumpfen Eingeborenengesicht, trank mit dem Hut auf dem Kopf. Dahlmann spürte plötzlich, daß etwas leicht sein Gesicht streifte. Neben dem Trinkgefäß aus trübem Glas, auf einem der Streifen des Tischtuches, lag ein Kügelchen aus Brotteig. Das war alles – aber irgendwer hatte es nach ihm geworfen.

Die am anderen Tisch schienen sich gar nicht um ihn zu kümmern. Verwirrt beschloß Dahlmann bei sich, daß nichts geschehen sei, und öffnete den Band von »Tausendundeine Nacht«, wie um die Wirklichkeit zu verdecken. Nach wenigen Minuten traf ihn ein zweites Kügelchen, und diesmal lachten die Peones. Dahlmann sagte sich, daß er keinerlei Angst fühle, daß es aber eine Torheit wäre, wenn er, als Rekonvaleszent, sich von Unbekannten zu einem zweifelhaften Streit hinreißen ließe. Er beschloß hinauszugehen und war schon aufgestanden, als der Wirt zu ihm trat und ihn mit besorgter Stimme ermahnte:

»Señor Dahlmann, kümmern Sie sich nicht um diese Burschen – die sind schon ziemlich angetrunken.«

Dahlmann wunderte sich gar nicht, daß der andere ihn jetzt auf einmal kannte, aber er fühlte, daß diese beschwichtigenden Worte in Wahrheit die Situation verschlimmerten. Vorher hatte sich die Herausforderung der Peones an ein zufälliges Gesicht gerichtet, eigentlich an niemand; jetzt ging sie gegen ihn und seinen Namen, und die Nachbarn würden davon erfahren. Dahlmann schob den Wirt zur Seite, stellte sich vor die Peones hin und fragte, was sie wollten.

Der Flegel mit dem Eingeborenengesicht stand schwankend auf. Obwohl nur einen Schritt von Juan Dahlmann entfernt, schrie er ihm Beschimpfungen ins Gesicht, als stände er weit weg. Er übertrieb absichtlich seine Betrunkenheit, und diese Übertreibung war Wut und war Hohn. Unter Flüchen und unflätigen Schimpfworten warf er ein langes Messer in die Luft, folgte ihm mit den Augen, fing es und forderte Dahlmann zum Zweikampf auf. Der Wirt wandte mit zitternder Stimme ein, daß Dahlmann keine Waffe habe. In diesem Augenblick geschah etwas, was nicht vorauszusehen war.

Aus der Ecke warf der alte reglose Gaucho, in dem Dahlmann ein Sinnbild des Südens sah (des Südens, der ihm gehörte), ihm ein bloßes Dolchmesser zu, das vor seine Füße fiel. Es war, als habe der Süden beschlossen, daß Dahlmann die Herausforderung annehmen sollte. Dahlmann bückte sich, um das Dolchmesser aufzuheben, und spürte zweierlei. Erstens, daß diese fast instinktive Bewegung ihn zum Kampf verpflichtete. Zweitens, daß die Waffe in seiner ungeschickten Hand nicht zu seiner Verteidigung dienen werde, sondern nur zur Rechtfertigung für die anderen, ihn zu töten. Er hatte wohl einmal mit einem Dolch gespielt, wie jeder Mann; aber seine Fechterei reichte nicht weiter als bis zu der Kenntnis, daß die Stöße von unten nach oben geführt werden müssen und mit der Schneide nach innen. Im Sanatorium hätten sie nicht zugelassen, daß mir so etwas geschieht, dachte er.

»Gehen wir«, sagte der andere.

Sie gingen hinaus, und wenn in Dahlmann keine Hoffnung war, so doch auch keine Angst. Während er über die Schwelle trat, fühlte er, daß in der ersten Nacht im Sanatorium, als man ihm die Nadel einstach, es für ihn eine Erlösung gewesen wäre, ein Glück und ein Fest, in einem Messerkampf zu sterben, unter freiem Himmel, im Angriff. Er fühlte, daß – wenn er damals seinen Tod hätte wählen oder erträumen können – es dieser Tod gewesen wäre, den er erwählt oder erträumt hätte.

Mit festem Griff packt Dahlmann das Messer, das er vielleicht nicht einmal zu führen wissen wird, und geht in die Weite hinaus.

Die Begegnung

Für Susana Bombal

Wer allmorgendlich die Zeitungen durchblättert, tut es dem Vergessen oder dem Stoff für ein zufälliges Abendgespräch zuliebe, daher verwundert es nicht, daß niemand sich mehr oder nur wie im Traum an den damals vielbesprochenen, berühmten Fall von Maneco Uriarte und Duncan erinnert. Der Vorfall ereignete sich überdies um 1910, dem Jahr des Kometen und der Jahrhundertfeier, und seither haben wir so viele Dinge besessen und verloren. Die Protagonisten sind tot; wer Zeuge der Episode war, schwor feierlich Stillschweigen. Auch ich hob die Hand zum Schwur und fühlte mit dem ganzen romantischen Ernst meiner neun oder zehn Jahre die Bedeutung jenes Rituals. Ich weiß nicht, ob die anderen bemerkten, daß ich mein Wort gegeben hatte; ich weiß nicht, ob sie das ihre gehalten haben. Gleichviel, hier ist die Geschichte – mit den unvermeidlichen Veränderungen, welche die Zeit bringt und die gute oder schlechte Literatur.

Mein Vetter Lafinur nahm mich an jenem Nachmittag zu einem Spießbraten in der Quinta *Die Lorbeerbäume* mit. Ich vermag ihre genaue Lage nicht anzugeben; denken wir uns eines jener Dörfer im Norden, die, beschattet und friedlich, gegen den Fluß hin abfallen und nichts gemein haben mit der großen Stadt und ihrer Ebene. Die Eisenbahnfahrt dauerte lang genug, um mir langweilig vorzukommen, doch die Zeit der Kinder fließt bekanntlich langsam. Es begann zu dunkeln, als wir das Tor des Landhauses durchschritten. Da waren – ich spürte es – die alten elementaren Dinge: der Geruch von goldbraun geröstetem Fleisch, die Bäume, die Hunde, das Reisig, das menschenvereinende Feuer.

Es waren kaum ein Dutzend Gäste beisammen, lauter

Erwachsene. Der älteste, erfuhr ich später, war noch keine dreißig. Wie ich bald lernte, verstanden sie sich auf Themen, in denen ich bis heute unbewandert bin: Rennpferde, Herrenschneider, Autos und notorisch kostspielige Frauen. Niemand störte meine Schüchternheit, niemand beachtete mich. Das von einem der Peones mit geschickter Bedächtigkeit gebratene Lamm hielt uns lange in dem großen Eßzimmer. Weinjahre wurden erörtert. Eine Gitarre war da; mein Vetter, glaube ich mich zu erinnern, stimmte *Die Hütte und der Gaucho* von Elías Regules an und ein paar Stanzen in argentinischem Rotwelsch, im dürftigen Rotwelsch jener Jahre, über eine Messerstecherei in einem Bordell der Calle Junín. Der Kaffee kam und die Havannazigarren. Kein Wort von Heimfahrt. Ich fühlte (der Ausdruck stammt von Lugones) Angst vor dem Allzuspäten. Ich vermied auf die Uhr zu sehen. Um meine kindliche Einsamkeit unter Erwachsenen zu verbergen, leerte ich lustlos ein oder zwei Gläser. Uriarte forderte Duncan grölend zu einem Zweier-Poker auf. Jemand verwarf diese Spielart als geisttötend und schlug einen Vierer-Tisch vor. Duncan stimmte zu, doch Uriarte beharrte mit einer Hartnäckigkeit, die ich nicht verstand und auch nicht zu verstehen suchte, auf dem ersten. Abgesehen von *Truco*, dessen wesentliches Ziel es ist, die Zeit mit Teufeleien und Versen zu bevölkern und den bescheidenen Labyrinthen des Solitärs, hat mir Kartenspielen nie zugesagt. Ich entwich unbemerkt. Ein unbekanntes dunkles Landhaus (nur im Eßzimmer brannte Licht) bedeutet einem Jungen mehr als dem Reisenden ein unerforschtes Land. Schritt für Schritt erkundete ich die Räume; ich erinnere mich eines Billardzimmers, einer Galerie mit rechteckigen und rhombenförmigen Spiegeln, einiger Schaukelstühle und eines Fensters, durch das eine Gartenlaube zu sehen war. Ich verlor mich in der Dunkelheit; schließlich fand mich der Hausherr, dessen Namen nach all den Jahren Acevedo oder Acebal lauten mag. Aus Güte oder aus Sammlereitelkeit führte er mich vor eine Vitrine. Als er Licht machte, sah ich, daß sie Stichwaffen enthielt. Es waren Messer, die durch ihren Gebrauch berühmt geworden waren. Er sagte, er besitze ein Stück Land bei Pergamino und habe diese Sachen auf Reisen quer durch die Provinz zusammengetragen. Er öffnete die Vitrine, und ohne die Aufschriften der Schildchen zu beachten, erzählte er ihre bis auf Orte und Daten stets mehr oder minder gleiche Geschichte. Ich fragte, ob unter den Waffen nicht der Dolch Juan Moreiras sei, damals der Archetyp des Gaucho, wie es später Martín Fierro und Don Segundo Sombra wurden. Er mußte leider verneinen, doch könne er mir einen gleichen zeigen mit einer U-förmigen Parierstange. Ärgerliche Stimmen unterbrachen ihn. Sofort schloß er die Vitrine, und ich folgte ihm.

Uriarte schrie, sein Gegner habe betrogen. Die Gefährten umringten ihn, stehend. Duncan, erinnere ich mich, war größer als die anderen, stämmig, ziemlich schulterschwer, ausdruckslos, fast weißblond; Maneco Uriarte war behende, brünett, vielleicht indiogefärbt, mit frechem spärlichen Schnurrbart. Offensichtlich waren alle betrunken; ich weiß nicht, ob auf dem Boden zwei oder drei Flaschen lagen oder ob übertriebener Kinobesuch mir diese falsche Erinnerung einflüstert. Uriartes Beleidigungen, zunächst scharf, dann obszön, rissen nicht ab. Duncan schien nicht zu hören; endlich, wie erschöpft, stand er auf und versetzte ihm einen Faustschlag. Uriarte schrie vom Fußboden auf, er werde diesen Affront nicht dulden und forderte ihn zum Zweikampf heraus.

Duncan lehnte ab und fügte als Erklärung hinzu:

»Ich habe nämlich Angst vor Ihnen.«

Allgemeines Gelächter.

Uriarte, schon wieder stehend, erwiderte:

»Ich werde mich mit Ihnen schlagen, und zwar sofort.«

Jemand, Gott verzeih ihm, bemerkte, an Waffen fehle es nicht.

Ich weiß nicht, wer die Vitrine öffnete. Maneco Uriarte

nahm die schönste und längste Klinge, die mit der U-förmigen Parierstange heraus; Duncan, fast geistesabwesend, ein Messer mit Holzgriff und einem ziselierten Bäumchen in der Klinge. Ein anderer sagte, es sei sehr Manecos Art, einen Degen zu wählen. Keiner wunderte sich, daß ihm in diesem Augenblick die Hand zitterte; jeder, daß Duncan das gleiche widerfuhr.

Die Tradition fordert, daß Männer, die sich zum Zweikampf rüsten, nicht das Haus ihres Gastgebers beleidigen und es daher verlassen. Halb scherzend, halb ernst, traten wir in die feuchte Nacht hinaus. Ich war zwar nicht wein-, aber abenteuertrunken; ich wünschte, daß jemand töte, damit ich es nachher erzählen und mich erinnern könne.

Vielleicht waren in jenem Augenblick die anderen nicht erwachsener als ich. Auch fühlte ich, daß ein Wirbel, den keiner zu dämmen vermochte, uns mitriß und ins Verderben stürzte. Kein Mensch glaubte im geringsten an Manecos Anklage; alle sahen in ihr die Frucht einer alten, vom Wein aufgeputschten Rivalität.

Wir schritten unter Bäumen, ließen das Gartenhäuschen hinter uns. Uriarte und Duncan gingen voraus; es wunderte mich, daß sie einander beobachteten, als fürchteten beide einen Überraschungsschlag. Wir wanderten an einem Rasenbett vorüber. Duncan sagte mit sanfter Autorität:

»Das ist der richtige Ort.«

Beide blieben unschlüssig in der Mitte stehen.

Eine Stimme schrie:

»Laßt das Eisen fallen, das hemmt euch nur, und packt zu.« Doch schon kämpften die beiden. Anfangs schwerfällig, als fürchteten sie, einander zu verletzen, anfangs blickten sie ihre Stahlklingen an, dann aber die Augen des Gegners. Uriarte hatte seinen Zorn vergessen; Duncan seine Gleichgültigkeit oder Geringschätzung. Die Gefahr hatte sie verklärt; jetzt waren die Kämpfenden zwei Männer, nicht mehr zwei Jünglinge. Ich hatte mir den Kampf als Chaos aus Stahl vorgestellt, doch nun vermochte ich ihm zu folgen oder fast zu folgen, als sei er eine Schachpartie. Freilich mögen die Jahre das Gesehene übertrieben oder verdunkelt haben. Ich weiß nicht, wie lange es dauerte; es gibt Tatsachen, die sich nicht dem üblichen Zeitmaß fügen.

Ohne Poncho als Schild, parierten sie die Stöße mit dem Unterarm. Die bald zerfetzten Ärmel wurden dunkel vom Blut. Mir schien, wir hätten uns geirrt, wenn wir glaubten, sie seien unbewandert in dieser Art der Fechtkunst. Bald bemerkte ich, daß sie verschieden vorgingen. Ihre Waffen waren ungleich. Duncan, um seinen Nachteil wettzumachen, drängte an den anderen heran; Uriarte wich zurück, um zu langen Tiefstößen ausholen zu können. Dieselbe Stimme, die auf die Vitrine hingewiesen hatte, schrie:

»Sie bringen sich um. Bremst sie!«

Niemand wagte einzugreifen. Uriarte hatte Boden verloren; nun griff Duncan an. Fast berührten sich ihre Leiber. Uriartes Stahlklinge suchte Duncans Gesicht. Mit einemmal schien sie kürzer, sie war in jenes Brust gedrungen. Duncan lag ausgestreckt im Rasen. Nun sagte er mit kaum hörbarer Stimme:

»Seltsam. Alles ist wie ein Traum.«

Er schloß nicht die Augen, bewegte sich nicht. Ich hatte einen Menschen einen anderen töten sehen.

Maneco Uriarte beugte sich über den Toten und bat ihn, er möge ihm verzeihen. Schluchzte hemmungslos. Was er soeben verübt hatte, überstieg ihn. Jetzt weiß ich, daß er weniger ein Verbrechen bereute als die Ausführung einer unsinnigen Tat.

Ich wollte nicht mehr hinsehen. Was ich mir gewünscht hatte, war geschehen und erschütterte mich. Lafinur sagte später, sie hätten die Waffen nur mit Mühe herausziehen können. Es wurde beratschlagt. Sie beschlossen, möglichst wenig zu lügen und das Messerduell zu einem Degenduell zu stilisieren. Vier, darunter Acebal, erboten sich als Vertrauensmänner. In Buenos Aires läßt sich alles regeln; jemand ist immer jemandes Freund.

Auf dem Mahagonitisch lag ein Gewirr von englischen Kartenspielen und Banknoten, die niemand ansehen oder berühren wollte.

In den darauffolgenden Jahren erwog ich mehr als einmal, die Geschichte einem Freunde anzuvertrauen, doch immer fühlte ich, ein Geheimnis zu besitzen sei verlockender, als es weiterzuerzählen. Um 1929 veranlaßte mich ein zufälliges Zwiegespräch, das langgehütete Schweigen jäh zu brechen. Der Polizei-Inspektor a. D. Don José Olave hatte mir Geschichten von Messerstechern aus dem Unteren Retiro erzählt; er bemerkte, diese Leute seien jeder Niedertracht fähig und achteten keinerlei Regeln, ohnehin habe es vor Podestá und Gutiérrez kaum Criollos-Duelle gegeben. Ich sagte, ich sei Zeuge eines Duells gewesen, und erzählte ihm den so viele Jahre zurückliegenden Fall.

Er hörte mit fachmännischer Aufmerksamkeit zu und sagte:

»Sind Sie sicher, daß Uriarte und der andere nie vorher gekämpft hatten? Womöglich hat ein Aufenthalt auf dem Lande sie das eine oder andere gelehrt.«

»Nein«, entgegnete ich. Alle Anwesenden des Abends kannten sich, und alle waren sprachlos.

Olave fuhr bedächtig fort, als denke er laut:

»Einer der Dolche hatte eine U-förmige Parierstange. Von dergleichen Dolchen sind zwei berühmt geworden: der von Moreira und der von Juan Almada, aus Tapalquén.«

Etwas erwachte in meinem Gedächtnis; Olave fuhr fort:

»Sie erinnern sich auch an ein Messer mit Holzgriff, Marke Bäumchen. Waffen wie diese gibt es zu tausenden, doch es gab eine ...«

Er hielt einen Augenblick inne und fuhr fort:

»Señor Acevedo besaß ein Landgut bei Pergamino. Genau in dieser Gegend trieb sich um die Jahrhundertwende noch ein namhafter Kampfhahn herum: Juan Almanza. Vom ersten Totschlag im Alter von vierzehn Jahren an verwendete er stets ein kurzes Messer wie jenes, weil es ihm Glück brachte. Juan Almanza und Juan Almada grollten einander, weil die Leute sie verwechselten. Lange Zeit suchten sie sich und begegneten sich nie. Juan Almanza wurde bei einem Wahlgang von einer verirrten Kugel getroffen. Der andere, glaube ich, starb eines natürlichen Todes im Hospital von Las Flores.«

An jenem Nachmittag fiel kein weiteres Wort. Wir dachten nach.

Neun oder zehn Männer, die schon tot sind, haben gesehen, was meine Augen sahen – den tiefen Stich im Körper und den Körper unter dem Himmel –, doch was sie sahen, war das Ende einer anderen, älteren Geschichte. Maneco Uriarte tötete nicht Duncan; die Waffen kämpften, nicht die Männer. Seite an Seite hatten sie in einer Vitrine geruht, bis Hände sie weckten. Vielleicht rührten sie sich beim Erwachen; deshalb zitterte Uriartes Faust, deshalb zitterte Duncans Faust. Die beiden verstanden zu kämpfen – nicht ihre Werkzeuge, die Männer – und kämpften gut in jener Nacht. Sie hatten sich lange gesucht, auf den langen Wegen der Provinz, schließlich begegneten sie sich, als ihre Gauchos längst Staub waren. In ihrem Eisen schlummerte und lauerte menschlicher Groll.

Dinge dauern länger als Menschen. Wer weiß, ob die Geschichte hier endet, wer weiß, ob sie einander nicht wieder begegnen werden.

Nachwort

Ich lernte Borges im Herbst 1971 kennen. Schon vorher hatte ich mir ein Bild von diesem inzwischen fast vollkommen erblindeten argentinischen Schriftsteller gemacht. Ich hatte gehört von seiner rätselhaften, geradezu labyrinthischen Aussageweise, von seiner sprichwörtlichen Schüchternheit, von seiner Scheu, über die eigenen Werke zu sprechen; ich hatte gehört von seinem ungeheuer scharfen Intellekt, der, für den Zuhörer fast unerklärlich, sprunghaft von einem Thema zum andern übergeht, von der Politik zur Literatur, von Walt Whitman zu Verlaine, von einer Etymologie zum Schachspiel. All das sah ich nun bestätigt, als ich ihn in seinem Büro der »Biblioteca Nacional« von Buenos Aires, deren Direktor er bis 1973 gewesen ist, sitzen sah: ein dreiundsiebzig Jahre alter Mann von mittlerer Statur, mit weißen, glatt zurückgekämmten Haaren, leer dreinblickenden Augen und ein wenig unbeholfenen Bewegungen. Seine knotigen Hände lagen leicht verkrampft im Schoß, während er mit etwas pathetischer, ja melodramatischer Stimme über die deutsche Literatur, das Angelsächsische, über skandinavische *kenningar* und natürlich auch über südamerikanische Literatur sprach.

Borges steht und stand immer im Mittelpunkt der Diskussion. Dabei halten sich Bewunderer und Kritiker die Waage. Die Angriffe richten sich gegen seine Person, d. h. gegen seine oft zu Unrecht als reaktionär gekennzeichnete politische Einstellung, und vor allem gegen sein Werk, das vielen zu wenig engagiert erscheint und das der sozialen, politischen sowie wirtschaftlichen Situation auf dem amerikanischen Subkontinent in zu geringem Maße Rechnung trägt. Doch für Borges sind derartige Einwände ohne jede Bedeutung. Die Kritik an seiner zu europäischen und damit zu wenig südamerikanischen Literatur ruft nur seinen beißenden Spott hervor. So sagte er mir, daß er einige Tage zuvor einem chilenischen Journalisten auf die Frage, ob er ein argentinischer Schriftsteller sei, geantwortet habe: »No, señor, soy chino.« Für ihn gibt es nicht die Alternative: hier die wertfreie, dem ›Mysterium der Kunst‹ verbundene und da die ›indigenistische‹, sozialengagierte Literatur. Die ›literatura indígena‹ ist für Borges als Argentinier schon deshalb ohne jede Relevanz, da es am Rio de la Plata keine Indios gibt, und auch die ›literatura gauchesca‹, dieses ureigenste argentinische Produkt in den Augen so vieler Literaturhistoriker, ist für ihn lediglich eine künstliche Erfindung der Weltmetropole Buenos Aires und keine auf dem Boden der Pampa gewachsene Dichtung. Der *Martín Fierro* eines José Hernández, dessen literarischen Wert er nie in Frage gestellt hat, ist nicht die Schöpfung der argentinischen Volkskunst, der einfachen Menschen tief im Innern des Landes, sondern das Erzeugnis einer pulsierenden Großstadt. Für Borges sind ›argentinismo‹ und ›europeísmo‹ keine Gegensätze, da der ›europeísmo‹ seiner Meinung nach genauso argentinisch ist wie die Pampa. Europa ist und bleibt die geistige Vergangenheit Argentiniens, dessen Literatur seit der Gründung der Nation von einer Konstanten beherrscht wurde, dem Eklektizismus. Daher Borges' Hinwendung zu der alten Welt, daher seine uns Europäern oft vertraute Literatur. Nicht umsonst las er unter der Anleitung seiner englischen Großmutter und seiner englischen Hauslehrerin angelsächsische Literatur, nicht umsonst beschäftigte er sich während seines Aufenthaltes in Genf (1914–19) mit französischen und deutschen Autoren, nicht umsonst geriet er anschließend in Spanien in die Kreise der Ultraisten, die sich gegen den Modernismus auflehnten und sich als Erneuerer der spanischen Dichtung sahen. Auch später, nach seiner Rückkehr nach Buenos Aires, blieb Borges dem alten Kontinent treu. Er übersetzte u.a. Virginia Woolf, Franz Kafka, Henri Michaux und William Faulkner, eine Tätigkeit, die nicht ohne Einfluß auf sein Werk bleiben sollte.

Borges hat sich außer dem Theater und dem Roman im Laufe seiner langen literarischen Tätigkeit allen Gattungen zugewandt: vor allem der Erzählung, dem Gedicht, dem Essay, der Kritik, ja sogar dem Filmdrehbuch. Wie Edgar Allan Poe hat auch er eine besondere Vorliebe für die kurze Erzählung, den ›cuento breve‹, der bewußt auf epische Breite verzichtet, auf engstem Raum alles auf den Fortgang einer Handlung bezieht und damit den Autor zur Konzentration und Intensität zwingt. Doch bei Borges wird weniger erzählt als reflektiert, kommentiert und in Frage gestellt. Seine Erzählungen gehören in die Nähe des Essays, und seine Helden sind Varianten, Parabeln und Spiegelungen des zentralen Themas: seines Weltbildes.

In seinem Essay *El idioma analítico de John Wilkins* macht sich Borges die Vorstellung Humes zu eigen, die Welt sei die Schöpfung eines unreifen Gottes, der sein Werk halb vollendet habe liegenlassen. Und in einem anderen Essay, *Una vindicación del falso Basilius*, schließt er sich den Gedankengängen der Gnostiker an, nach deren Meinung es zwischen Gott und den Menschen 365 Himmel gibt, die jeweils von sieben verschiedenen Gottheiten regiert werden.

Die Vorstellungen Humes und die der Gnostiker haben Borges' Weltbild geprägt. Eine Welt, die von einem unreifen, unüberlegt handelnden Gott geschaffen wurde, die dann halb vollendet liegenblieb, in der es keine Autorität, keinen Bezugspunkt gibt, kann nicht den Anspruch auf Ordnung und Harmonie erheben. Und wenn es eine Ordnung gibt, so entspricht diese allein den göttlichen Gesetzen, die von dem menschlichen Verstand nicht durchdrungen werden können. Der Mensch ist verdammt, in einem Chaos, in einem chaotischen Dasein zu leben, und alle Bemühungen, diesem Chaos entrinnen zu wollen, sind von vornherein zum Scheitern verdammt. Gleich dem Menschen Camus', der sich an einem Punkt seines Lebens der Absurdität seiner Existenz bewußt wird und nun leidenschaftlich immer wieder dagegen rebelliert, erfährt auch Borges' Held stets aufs neue das Sinnlose, Unerklärliche der Welt, mit dem einzigen Unterschied, daß für den Existentialisten diese Absurdität absolut ist, während Borges' Universum nur in den Augen der Menschen, nicht aber in den Augen der Götter chaotisch wirkt.

Diese Vorstellung einer chaotischen Welt wird in Borges' Erzählungen unendlich variiert. Sie erscheint bald als Wüste, bald als morgenländischer Palast, bald als schwindelerregende Spekulation und auch als Bibliothek in *Die Bibliothek von Babel.* Schon vom ersten Satz an wissen wir, daß diese Bibliothek, die einem unheimlichen labyrinthischen Arsenal von geistigen Kräften gleicht, ein Symbol ist. »Das Universum, das andere die Bibliothek nennen [...].« Die Bibliothek ist wie die Welt unendlich, ein nicht begrenzbares Experimentierfeld für alle nur denkbaren Kombinationen, Häresien, Kommentare und Spekulationen. Sie erinnert an Kafkas Darstellung des Schlosses oder an seine Geschichte des Maulwurfs. Der sichtbare Ausdruck dieses Chaos ist das Labyrinth – das »Symbol für unser Staunen über das Universum« –, das Borges, ohne es beim Namen zu nennen, im Innern dieser Bibliothek beschreibt. Es ist kein horizontaler, sondern ein vertikaler Irrgarten, der nicht der Suche nach irdischen Wahrheiten, sondern dem Streben nach metaphysischer Realität, nämlich der Suche nach einem Buch dient, das alles Wesentliche, Eigentliche enthält und damit alles andere Geschriebene überflüssig macht. Wer dieses Buch gelesen hätte, wäre kein Mensch mehr, sondern ein Gott, da er von da an das Chaos der Welt und dessen Gesetzmäßigkeit zu erkennen vermöchte. Angestachelt durch die chaotische Welt, durch das von der Willkür beherrschte Universum, fühlt sich der Mensch aufgerufen, eine Ordnung nach seiner eigenen Vorstellung zu schaffen. Die ganze Geschichte der Menschheit ist von diesem nihilistischen Unternehmen, wie Borges selbst es nennt, geprägt. Und da es in der Wirklichkeit unmöglich ist, die Intelligenz Gottes und damit auch das Chaos zu durchdringen, kommt der Mensch zu dem Entschluß, diese Möglichkeit zumindest in einem imaginären, phantastischen Universum nach seiner Vorstellung zu realisieren. Er will damit dem nicht vorhandenen Gott beweisen, daß die Sterblichen imstande sind, eine Welt nach ihren Gesetzen, nach ihren Ideen zu formen. Und diese Welt ist »Tlön« (*Tlön, Uqbar, Orbis Tertius*), die Erfindung einer Geheimgesellschaft von Astronomen, Biologen, Ingenieuren, Metaphysikern, Dichtern, Chemikern, Algebrakundigen, Moralisten, Malern und Geometern, die diese Welt samt ihrer Geographie und ihrer Geschichte, ihrer Mythologie, ihren Sprachen und ihrer lückenlosen Gesetzlichkeit nach den Erkenntnissen aller bisher bekannten metaphysischen Systeme und Theologien geordnet haben. Die empirische Welt der konkreten Realität existiert nur als Idee. Der Begriff des Raumes ist in dieser Vorstellungswelt unbekannt, die Verbindung von Ursache und Wirkung verstümmelt. Es gibt keine Wahrheiten, sondern nur Überraschungen. Unter solchen Umständen ist es unsinnig, Disziplinen zu entwickeln, die diese Realität interpretieren. Es gibt daher keine Wissenschaften mehr, außer der Psychologie, da sie unter solchen Bedingungen schwierig oder zumindest entgegen jedem System durchgeführt werden müßten. In den philosophischen Schulen Tlöns sind viele metaphysische Doktrinen vertreten: so die Darstellung des Universums als eine Heilige Schrift nach der Formulierung Carlyles, die Auffassung der Mystiker, daß die Welt nur ein System der Symbole sei, die pantheistische Vorstellung, nach der jeder Mensch zugleich zwei Menschen sein kann, und die idealistische Philosophie schopenhauerscher Prägung (»Die Welt ist meine Vorstellung von der Welt«), die ihren besten Ausdruck am Ende des ersten Teils der Erzählung findet, an jener Stelle nämlich, an der Borges sagt, daß sich in Tlön die Dinge nicht nur verdoppeln können, sondern »sie neigen ebenfalls dazu, undeutlich zu werden und die Einzelheiten einzubüßen, wenn die Leute sie vergessen«. Tlön ist der Planet, dem die Erde gleichen würde, wenn der Idealismus die wahre Darstellung der Wirklichkeit wäre. Aber Tlön ist nur eine Erfindung, deren fiktiver Charakter nie in Frage gestellt wird. Der Idealismus ist wie alle philosophischen Systeme nur ein Produkt der menschlichen Vorstellung und darum weit davon entfernt, das Chaos zu durchdringen. Daher die Skepsis des Erzählers, als er am Ende seiner Erzählung sagt: »Die Berührung und der Umgang mit Tlön haben diese unsere Welt zersetzt.« Der Mensch ist auch weiterhin verdammt, in einer chaotischen, ihm unerklärlichen Welt zu leben.

Die Welt als Traum eines anderen ist ein weiteres zentrales Thema der Erzählkunst Borges'. An den Anfang der Erzählung *Die kreisförmigen Ruinen* stellt der Autor gleichsam als Epigraph ein Zitat aus Lewis Carolls *Through the Looking-Glass*: »And if he left off dreaming about you …« Damit ist das Thema der Fabel bereits angedeutet. Ein Mann kommt an einen von Feuersbrünsten verzehrten, kreisförmigen Tempel mitten im Sumpfdickicht, um im Traum einen Menschen nach seinem Ebenbild zu schaffen, bis er am Ende plötzlich erkennt, daß auch er nur der Traum eines anderen ist. »Erleichtert, beschämt, entsetzt erkannte er, daß auch er nur ein Scheinbild war, daß ein anderer ihn träumte.«

Die Existenz zweier Träumer läßt die Möglichkeit einer unendlichen Kette von Träumen vermuten, eine Möglichkeit, die noch durch die kreisförmige Anlage des Tempels sowie durch die Meditationen des Magiers verstärkt wird, der sich vorstellt, wie sein künstlich gezeugter Sohn ähnliche Riten in anderen kreisförmigen Ruinen vollzieht. All das deutet auf die buddhistische Vorstellung der Welt als Traum und auch auf den halluzinatorischen Charakter des Universums im Sinne des Idealismus hin, zwei philosophische Systeme, die letztlich in Schopenhauer münden, der sich mit seiner Forderung nach der Abschaffung des Willens, um auf diesem Weg zum befreienden Nichts zu gelangen, sehr dem buddhistischen Nirwana nähert. Das Streben Schopenhauers nach vollendeter Auslöschung des Willens, ein Zustand, den die Heiligen bereits erreicht haben und mit Worten wie »Ekstase«, »Entrückung«, »Aufgehen des Ich in Gott« beschreiben, und das Bemühen des Buddhismus um das Nirwana, ein Ziel, das letztlich nur negativ zu charakterisieren ist, beides findet sich in ausgeprägter Form bei Borges wieder.

In einer Welt, in der alles chaotisch erscheint, in der der Mensch vielleicht nur der Traum eines anderen Menschen oder eines Gottes ist, wird der Begriff der Zeit zum zentralen metaphysischen Problem. Vom Menschen aus gesehen ist die Zeit ein flüchtiger Blitzstrahl am Himmel der Jahrhunderte, von Gott aus gesehen aber eine Abfolge von Generationen. Betrachtet der Mensch die Dinge sukzessiv, so erscheinen Gott die verschiedenen, unendlich zahlreichen Ereignisse zur gleichen Zeit, also simultan. In seinem Essay *Historia de la Eternidad* schreibt Borges: »Die Dinge der menschlichen Seele sind sukzessiv, zuerst Sokrates und dann ein Pferd – ich lese im fünften Buch der Äneis –, immer sieht man nur ein isoliertes Ding, während tausend andere verlorengehen. Der göttliche Intellekt hingegen erfaßt alles zur gleichen Zeit.«

Nichts ist der Vorstellung Borges' also fremder als die ›durée‹ Bergsons. Der Argentinier sieht die Zeit nicht als Sukzession, als ein einziges, unteilbares Fließen und Werden, sondern als eine ›rara simultaneidad‹, die unsere Sinne nicht wahrnehmen können. Man muß sich auf die höhere Ebene der Abstraktion begeben, um das Paradoxon zu verstehen, daß die Zeit simultan und sukzessiv zugleich ist. Für den Menschen besteht sie aus drei Dimensionen, aus der Vergangenheit, der Gegenwart und der Zukunft, für das göttliche Wesen aber nur aus einer einzigen. In dem Maße, wie sich der Mensch von allem »sinnlichen« Ballast befreit, nähert er sich Gott; bleibt er jedoch weiterhin in den Dimensionen dieser Welt gefangen, gerät er in ein unübersichtliches, verwirrendes Labyrinth, das aus einem oder auch mehreren Leben bestehen kann, wie in der Erzählung *Der Unsterbliche*, in der der Held dem Tod auszuweichen versucht, oder in *Der Süden*, ein cuento, in dem der Protagonist Dahlmann zwei Zeiten zu verkörpern scheint. Es ist, als bestünde dieser eine Mann aus zwei menschlichen Wesen, als lebte er zwei Leben, eines vor und eines nach der Operation, denn das Buch, das er während seiner langen Fahrt in das Innere des Landes zu seiner estancia in Händen hält, ist dasselbe, das er zuvor bei seiner Einlieferung in das Sanatorium las.

Die metaphysische Frage der Zeit führt Borges zu einem anderen Kernproblem eines jeden Schriftstellers, einem Problem, für das es im Grunde keine Lösung gibt: die Sprache.

Die Sprache ist ihrem Wesen nach sukzessiv, sie schildert, wie die aristotelische Zeit, ein Vorher und ein Nachher, sie folgt der Frage: Und was geschah dann? Sie vermittelt ein Nacheinander und ruft damit in dem Leser einen vollkommen falschen Eindruck wach, da das Ereignis oder die Ereignisse ja in Wirklichkeit den Prinzipien der Simultanität folgen. Daher haftet der Sprache, Borges' Meinung nach, etwas Artifizielles, Literarisches, Falsches an. Erst wenn es dem Menschen gelänge, in einem einzigen Satz, besser noch in einem einzigen Wort alles zugleich zum Ausdruck zu bringen, hätte er das Problem der Sprache bewältigt. Diesem alles enthaltenden Satz gilt Borges' ganzes Bemühen, obwohl dieses Bemühen genauso zum Scheitern verurteilt ist wie der Versuch, das Chaos durchdringen oder die Zeit in ihrer Simultanität erkennen zu wollen.

Nur von hier aus ist Borges' Trachten nach einer ständig perfektionierten Ausdrucksweise zu verstehen, nur von hier aus erklärt sich sein Streben, einen Grad an höchstmöglicher Objektivität und nahezu klassizistischer Präzision zu erreichen.

Als Borges zu Beginn unseres Jahrhunderts zu schreiben begann, hatte die spanische Sprache auf dem lateinamerikanischen Boden schon einen mehr als ein Jahrhundert andauernden Umformungsprozeß durchgemacht, der seinen ersten Höhepunkt für ganz Lateinamerika mit Rubén Darío, dem Begründer des Modernismo, erlangte. Er kehrte zurück aus dem Paris des ausgehenden 19. Jahrhunderts, das unter dem Zeichen des greisen Victor Hugo, des klassizistisch verspäteten Parnaß und der Dekadenz stand, und schuf eine eigene, typisch lateinamerikanische Ausdrucksweise. Doch die Sprache der Modernisten war schwülstig und unnatürlich, sie schwelgte in Wiederholungen, Metaphern, Allegorien und Synonymen. So, wie es fast eine literarische Notwendigkeit war, daß auf den persönlichen Stil der Romantik die objektive, nahezu naturwissenschaftlich exakte Ausdrucksweise des Realismus folgte, so war es auch in Lateinamerika ein einleuchtender Vorgang, daß nun ein auf Präzision, Genauigkeit und Klarheit bedachter Autor die Sprache in die Hand nahm und sie nach seiner Vorstellung in ein unwahrscheinlich wirksames Instrument verwandelte. So zahlreich auch die Kritiken sein mögen, die mehr gegen Borges' Person als gegen sein Werk gerichtet sind, es wird wohl kaum jemand leugnen, daß ohne diesen Autor viele der lateinamerikanischen Meisterwerke heute nicht denkbar wären. Borges hat der lateinamerikanischen Prosa und Lyrik seinen Stempel aufgeprägt. Das spürt man bei einem Ernesto Sábato oder Julio Cortázar, bei einem Gabriel García Márquez oder Juan Carlos Onetti, bei einem Sarduy oder Manuel Puig.

Schon einleitend haben wir gesagt, daß der häufigste Vorwurf gegen Borges immer wieder in die Anklage mündet, seine Literatur sei zu europäisch und damit zu wenig argentinisch, oder allgemeiner, zu wenig südamerikanisch.

Als Borges 1921 von Madrid nach Buenos Aires zurückkehrte, gruppierte sich die nun auch in Argentinien entstandene ultraistische Bewegung um die Zeitschrift *Martín Fierro.* Ihr Ziel war es, die exotischen Spielereien eines Rubén Darío und seiner Nachfolger mittels eines ausgeprägten ›criollismo‹ zu überwinden. Borges' erste Erzählung *Der Mann von Esquina Rosada* steht noch ganz im Zeichen dieser Bemühung, aber schon alle anderen folgenden Werke stellen mehr die metaphysischen Überlegungen in den Mittelpunkt des Geschehens. Doch wäre es falsch, daraus den Schluß ziehen zu wollen, das ›Argentinische‹ sei damit ganz aus Borges' Erzählungen verschwunden. Das stimmt nur insoweit, als das Oberflächliche, das Zufällige, das unwesentliche Detail gemeint ist. In seinem Essay *El escritor argentino y la tradición* spricht er sich ganz deutlich gegen ein überladenes, rein äußerliches Lokalkolorit aus. Im Gegensatz dazu möchte er das typisch Argentinische, die Wirklichkeit seines Landes oder ein Fragment dieser Wirklichkeit in symbolhafter Weise zum Ausdruck bringen.

Für Borges gibt es einen grundlegenden Unterschied zwischen der alten und der neuen Welt: sieht der Europäer das Universum als einen Kosmos, in dem jeder einzelne eine ganz bestimmte Funktion zu erfüllen hat, so ist die Welt des Argentiniers ein Chaos. Das Schicksal der Menschen am Rio de la Plata wird daher von einem einzigen Gesetz bestimmt, dem Gesetz der Gewalt, symbolisiert in dem ›cuchillo‹, dem Messer. In der Erzählung *Der Süden* wird deutlich, daß das Messer, das Duell das Schicksal des Protagonisten ist. Dahlmann kann der Herausforderung nicht ausweichen, er muß sie annehmen wie eine Fatalität. Das blinde Gesetz des gaucho wird zum blinden Gesetz der argentinischen Geschichte und Gesellschaft. Der ›argentinismo‹ Borges' besteht also nicht in einer Anhäufung rein äußerlicher Attribute, sondern im Aufzeigen der bitteren Wahrheit des argentinischen Schicksals.

Das wird auch ganz deutlich spürbar in seinem 1970 in

Buenos Aires erschienenen Erzählband mit dem Titel *David Brodies Bericht.* Fast siebzehn Jahre lang hatte Borges, der seine Werke nicht mehr selbst schreiben kann, sondern nunmehr diktieren muß, keinen ›cuento‹ mehr veröffentlicht. Nach den Erzählungen *Das Aleph* und *Fiktionen* will er nun noch im hohen Alter mit diesem Werk einen neuen Abschnitt in seinem Schaffen einleiten, den der realistischen Erzählweise nach dem Vorbild des frühen Kipling. »Außer dem Titeltext dieses Buchs, der nachweislich auf Lemuel Gullivers letzte Reise zurückgeht, sind meine Erzählungen realistisch, um die heutige Modebezeichnung zu gebrauchen.« Doch wie alles, was dieser Schriftsteller je aufgezeichnet hat, ist auch diese persönliche Bemerkung hintergründig, doppelsinnig, ironisch. Die neuen Erzählungen sind nicht weniger rätselhaft, labyrinthisch, symbolisch und phantastisch als alle anderen, die er zuvor veröffentlicht hat. All seine metaphysischen Fragen, und vor allem sein Bemühen um symbolhafte Darstellung der argentinischen Wirklichkeit, tauchen auch in diesem Band wieder auf.

In der Erzählung *Die Begegnung* zeigt sich, daß Borges auch heute noch das Messer und damit die Gewalttätigkeit als das Schicksal seines Heimatlandes ansieht.

Bis 1930 beschäftigten sich die Argentinier, wie Mitre, Sarmiento und Avellaneda, mit der Frage, wie Argentinien sein müßte. Sie waren Moralisten, die in einer Zeit der zivilisatorischen Träume und der Fortschrittsgedanken große Hoffnungen für ihr Land hegten. Die Krise gegen Ende der zwanziger Jahre bedeutete ein bitteres Erwachen, es kam die Erkenntnis, daß jede Zivilisation der rohen Gewalt weichen mußte. Seitdem lautet die Frage nicht mehr »Wie müßte Argentinien sein?«, sondern »Wie ist Argentinien?«. Und hier war Borges einer der ersten, der bemerkte, daß das zivilisierte Argentinien eines Sarmiento eine Fiktion war, die sich auf ein Chaos gründete.

Als ich Borges nach mehreren Stunden wieder verließ,

erinnerte ich mich an den Ausspruch von Drieu la Rochelle, als er 1933 aus Buenos Aires nach Frankreich zurückkehrte: »Borges vaut le voyage.« Und gleich darauf kamen mir die Worte einiger Kritiker in den Sinn, Borges sei »un escritor para escritores«, ein Schriftsteller für Schriftsteller, ein Vorwurf, den sie durch einen Ausspruch des Autors im Epilog zu seinem 1960 erschienenen Buch *El hacedor* bestätigt sehen: »Wenig ist mir zugestoßen, aber viel habe ich gelesen.« Doch auch diese Worte sind nur mit Vorbehalt zu interpretieren und schmälern sicher keinesfalls die Bedeutung Borges' für die argentinische und lateinamerikanische Literatur der Gegenwart.

José A. Friedl Zapata

JORGE LUIS BORGES starb am 14. Juni 1986 in Genf.

Inhalt

Die ersten fünf Erzählungen (entnommen aus: »Sämtliche Erzählungen«) wurden von Karl August Horst ins Deutsche übertragen, die Erzählung »Die Begegnung« (aus: »David Brodies Bericht«) von Curt Meyer-Clason.

Fußnoten mit Sternchen stammen von Borges selber; mit Ziffern versehene Fußnoten sind Hinzufügungen der Übersetzer.